“大运河人物故事”丛书

丛书主编 张廷皓

清末海黄运治理探索者

周馥

李 楠 著

南京出版传媒集团 南京出版社

图书在版编目（CIP）数据

清末海黄运治理探索者——周馥 / 李楠著. -- 南京 : 南京出版社, 2025. 3. --（“大运河人物故事”丛书）.
ISBN 978-7-5533-5167-4

Ⅰ. K827=52

中国国家版本馆CIP数据核字第2025KM0783号

从 书 名 大运河人物故事
丛书主编 张廷皓
书　　名 清末海黄运治理探索者——周馥
作　　者 李　楠
出版发行 南京出版传媒集团
南 京 出 版 社
社　　址 南京市玄武区太平门街53号
邮　　编 210016
联系电话 025-83283873、83283864（营销）　025-83112257（编务）

策划统筹 卢海鸣　徐　智
责任编辑 李雅凡
装帧设计 王　俊　张　淼
责任印制 杨福彬

排　　版 南京新华丰制版有限公司
印　　刷 江苏扬中印刷有限公司
开　　本 787毫米×1092毫米　1/32
印　　张 3.375
字　　数 50千
版　　次 2025年3月第1版
印　　次 2025年3月第1次印刷
书　　号 ISBN 978-7-5533-5167-4
定　　价 15.00元

总 序

大运河是中国人民的伟大创造。这条始建于公元前486年的人工水道，作为中国历史上贯穿南北的大动脉，集漕粮运输、商旅交通、军资调配、水利灌溉等功能于一身，不但加强了全国各地区间的政治、经济联系和文化交流，维护了多民族大一统国家的稳定和发展，而且使北方的丝绸之路和南方的海上丝绸之路在古老大陆的东方形成了闭环，因而具有世界意义。时至今日，大运河沿岸遍布城镇、码头、仓库、船闸、桥梁、堤坝等各类遗存，构成了中国乃至世界范围内罕见的线性文化带，并成功地在2014年6月22日第38届世界遗产大会上入选《世界遗产名录》。2017年6月，习近平总书记对建设大运河文化带作出重要指示，指出“大运河是祖先留给我们的宝贵遗产，是流动的文化，要统筹保护好、传承好、利用好”。2019年2月，中共中央办公厅、国务院办公厅联合印发《大运河文化保护传承利用规划纲要》，就进一步保护好、传承好、利用好大运河沿线的丰富文化遗产提出了明确要求。

回顾大运河萌芽、发展和演变的过程，诸如国家政策、政治形势、军事需要、地理环境等，虽然也都会对其历史变迁产生一定程度的影响，但从根本上来看，“人”的作用往往显得更为重要。千百年来，大运河的规划者、开凿者、建设者、管理者、治理者，以及其他与大运河有关的各类人物，凭借着不拘一格的思考方式、与时俱进的思维理念、突破常规的制度创新、因地制宜的技术方法革新，比较圆满地解决了大运河形成过程中所遇到的自然、运输和管理等一系列问题，实现了大运河从地区性到整体性、临时性到制度性、零散性到系统性的质变。这些大运河历史上涌现出的杰出人物，作为创造、改变和塑造大运河的主体和关键，其思想观念中闪烁着的智慧光芒，和一言一行中表现出的担当作为，不仅是大运河历史上无比珍贵的宝藏，同时也是彰显和传播中华民族灿烂文明的重要文化遗产，值得我们进一步挖掘和弘扬。

与蔚为大观的河道变迁、漕运制度、城镇商业、文化风俗等成果相比，有关大运河人物的研究相对薄弱。为了展现大运河深厚而丰富的文化内涵，传承和弘扬中华优秀传统文化，南京出版传媒集团（南京出版社）决定推出一套“大运河人物故事”丛书。这套面向广大青少年读者的普及性读物，精选历代与大运河有关的著名人物，时间上从春秋战国直至民国时期，空间上则覆盖隋唐大运河、京杭大运河和浙东运河。每册均邀请学有专长的作者撰写，力图在准确把握史实的基础上，用生动活泼的语言文字，引人入胜的故事情节，丰富多彩的知识拓展，刻画每一位大运河人物的主要经历，涉及凿河规划、水利建设、漕运管理、治运思想与实践、研究著述以及后世影响等，在折射大运河变迁轨迹的同时，充分展现出这些人物与大运河的密切关系，以及对大运河的变迁所发挥的作用。

青少年是国家的未来和民族的希望，肩负着实现中华民族伟大复兴、建设社会主义现代化强国的历史重任。近年来，南京出版传媒集团（南京出版社）先后推出了“抵御外侮——中华英豪传奇”“抗战十四年·中华儿女传奇”等多套青少年读物，在培养青少年爱国主义精神、培育和践行社会主义核心价值观等方面，起到了十分积极的作用。衷心希望“大运河人物故事”丛书能成为广大青少年认识和了解大运河历史文化的良师益友，在深化他们对大运河文化内涵认知的同时，展现中华民族的聪明才智和中华文明的灿烂辉煌，为他们的健康成长树立文化自信，使之成为将来建设国家的栋梁之材。

（作者系中国文物学会大运河专业委员会主任委员、中国文化遗产研究院原院长）

目 录

引　言

俗话说，乱世出人才，周馥正可谓乱世中平步而起的人才。周馥自幼学习儒家经典，满腹经纶。不幸的是，周馥第一次参加童子试时，恰逢太平天国起义并且打到了应试所在地安庆，他从此与科举考试失去缘分。幸运的是，尽管不能通过科举考试入仕，但是周馥在乱世获得了入仕机会，并且凭借才能和秉性平步青云，最终成为封疆大吏。

周馥早年入李鸿章幕府后，先后担任文牍、护印、文书等职，从此，周馥的仕途与李鸿章的仕途起伏紧密相连。周馥是李鸿章幕府第一人，也是跟随李鸿章时间最长的幕僚，他对李鸿章忠心耿耿，深得李鸿章的信任和器重。

在李鸿章镇压太平天国期间，周馥跟随其辗转江浙等地，协助镇压太平天国以及救援上海。在李鸿章所率淮军屡战屡捷后，周馥迎来了仕途的快速升迁，从九品衔先后升至县丞、知县、直隶知州留江苏补用。同治九年（1870），李鸿章调任直隶总督后，周馥开始协政天津，治理永定河水患、兴办洋务、筹建海防、治理黄河水患等。晚年，他先后担任直隶布政使、山东巡抚、两江总督等职。

担任直隶布政使期间，周馥负责处理庚子国变期间的教案。主政山东期间，周馥着力发展近代企业、收回铁路路权、发展近代教育等，此外，对运河进行了治理，并改革了运河河政。主政两江期间，周馥着力加强海防建设，积极编练新军，发展民族工矿业和对外贸易，整顿海关。

不过，正如后世所评价的，周馥为政期间，“其功德在民，尤以河工为最巨”。同治十年（1871）至光绪二十四年（1898）参政期间，周馥的众多政绩都与河工有关。自1871年协政天津起，周馥即开始参与治理河患。

首先是治理永定河水患。周馥完成了卢沟桥石堤五号决口工程、永定河下游十七号决口堵筑工程、卢沟桥减水石坝的建造等，整治金钟河、北运河筐儿港和通州潮白河、滹沱河，在南北运河开挖减河等。

其次是治理山东黄河和运河。最初是同治十二年（1873），周馥在勘察黄河现状之后，代李鸿章拟定了《筹议黄运两河折》，提议推广海运而反对恢复淮徐故道。然后是光绪二十四年（1898），周馥再次勘察山东黄河段，提议采取加固两岸大堤、迁民避水等措施。最后是光绪二十八年（1902）主政山东后，他改革了山东河政，治理利津、寿张、惠民等县的黄河决口，采取了迁民避水等措施，由此使得黄河两岸大堤的防洪能力大大提升。在治理山东运河方面，周馥的主要功绩是整顿了运河营吏、调整关税和修筑堤坝等。

经过多年治理水患的实践，加上善于学习和总结古人的治水经验，周馥逐渐形成了自己的治水之道。最基本的是勤政爱民、为民着想，把民生问题摆在重要地位给予考虑，即治河是为了养民。在治理水患上，周馥重视实地勘察，其次善于借鉴古代治理水患的方法，在此基础上注重顺水之性、以水治水等。周馥在晚年撰写的《治水述要》等著作也反映了他的治水思想，为后世留下了宝贵的治水经验。

周馥作为历史上的风云人物，人们更为熟知的是他李鸿章幕僚或封疆大吏的地位和身份，而对于周馥在治理水患方面的历史，除研究周馥的学者或业余爱好者之外，鲜少有人知道。本书则提供了周馥治水方面的历史概览，以便大众有简易途径了解周馥的治水功绩。

第一章　从一介布衣到封疆大吏

家世背景

周馥于道光十七年（1837）出生于安徽建德，字玉山，别号兰溪。周氏家族一世祖周访（646—719）在唐高宗时任中丞，六世祖周繇（841—912）是咸通十三年（872）进士，官至建德令，有“诗禅”之称，十六世祖周泰星（1080—1143）在宋徽宗时“以武功授振武将军”。除上述人物外，周氏家族大多数人世代经营农商，没有达官显贵。至太平天国运动前，周氏家族约有二三十余户。周馥祖辈以经商为主，曾祖父周礼俗（1768—1801）时，“有屋十余楹，田百余

周馥像（《东至周氏家传》）

亩”，后因替人还债以及失火等，家业尽失。祖父周乐鸣（1785—1865）原打算习举业应科考，但因周家饥困而改营他业。父亲周光德（1815—1862）慷慨好义，曾经替人打理油坊十几年。至周馥时，周家光景可谓“苦不堪言”。

小贴士：太平天国

道光三十年（1850）至咸丰元年（1851），洪秀全、杨秀清、萧朝贵等人在广西金田村发动反清武装起义，建立“太平天国”，咸丰三年（1853）攻下江宁，并定都于此，改称江宁为天京。同治三年（1864），天京被湘军攻陷。同治十一年（1872），最后一支太平军部队翼王石达开余部在贵州败亡。

周馥自幼在家学习儒家经典，“日落后，不许外出，祖父篝灯课读，凡四书中易解文意，四五岁时皆能通晓，六七岁时，凡乡塾中书读遍矣”，八岁时入私塾读书。除读书外，周馥父亲还会让其参与耕作，砍柴、采茶、插秧、收稻等，“以劳其筋骨，培其勤俭”。咸

小贴士：童子试

又叫童生试，童试，俗称“考秀才”，属于明清科举考试中的初级考试。童子试分为县试、府试和院试三个阶段。县试由县衙主办，知县担任主考官，通常每年二月举行。通过县试后进行府试，通常四月举行，府试由知府、知州或同知担任主考官。通过县试和府试即成为童生，可以参加各省学政或学道主持的院试。院试每三年举行两次，通过院试的童生即称为生员，俗称秀才，算是有了功名。

丰三年（1853），时年十六岁的周馥拜别家人和恩师王介如，赴安庆应童子试。

对于这次考试，周馥原本成竹在胸，不料考试期间，太平军打到了安庆。太平军又叫长毛，是以洪秀全为首的农民组成的起义军。据说他们对梳长辫、穿长袍的科考生绝不手软，考官和考生被吓得四散奔逃，周馥逃回了家乡纸坑山，在本村担任私塾教师。周馥自己也未料到，他就此与科举绝缘。咸丰七年（1857），纸坑山也遭受战乱影响，周馥一家在建德与彭泽之间来回奔波以躲避战祸。由于太平军会杀年轻的读书人，周家决定让周馥去城镇避难。咸丰十年（1860），周馥逃出东至。在逃亡途中，周馥邂逅湘军一位姓周的人，他将周馥推荐给祝姓营官帮办文案，周馥一边办理公差，一边教授营官儿子，并随湘军辗转枞阳、池州、大通、繁昌等地。

同治九年（1870）的李鸿章（《晚清风云人物史话：李鸿章》）

咸丰十一年（1861），清军克复安庆。同年秋，周馥辗转到这里，曾国藩此时坐镇安庆。为了谋生，周馥在衙门口摆摊写字，代写家书、楹联、祭文、诉状等。机缘巧合，周馥替人写的一张状纸落到曾国荃手中，曾国荃很是欣赏写诉状的人的文笔，于是派人召周馥过来询问情况。当面询问之后，曾国荃觉得周馥是个人才，就向曾国藩举荐周馥作备用人才。

一次偶然的机会，李鸿章看到了周馥的文字，大为赞赏，于是召其见面，并将其留在身边，让其帮办文书。从此，周馥开始踏入仕途，其政治生涯也从此与李鸿章的仕途起伏紧密相连。周馥是李鸿章幕府第一人，也是历时最久的幕僚，他跟随李鸿章三十余年，协助李鸿章镇压太平军，治理直鲁水患、办理洋务等。周馥忠心耿耿，深得李鸿章的信任和器重，被李鸿章一步步举荐至更高官位，最终成为封疆大吏，在山东推行新政，在江苏、安徽、江西等地发展民族实业。

反顾周馥一生，这是他人生中最重大的转折点，也是周氏家族命运的转折点。周馥加入淮军后，最先担任文牍抄写，在后来的接触中，李鸿章发现周馥不仅文字漂亮，还很有学识和见地，尤其欣赏其对《易经》的解读，觉得他是难得的人才，于是将其延为幕宾，再后来提拔他为总文牍。此后，周馥跟随李鸿章辗转江浙等地，协助镇压太平军。太平军攻打上海时，李鸿章率领淮军前往救援上海，以七千淮军打败上海两万太平军，一战成名，清廷士气大振，李鸿章也因此被曾国藩举荐为江苏巡抚。此次救援之后，周馥随军前进，承担了多项任务，先是护印，包括李鸿章私印和江苏巡抚的大印，然后是检查奏折。

周馥还负责处理来不及砍杀的俘虏。周馥看到俘虏大多是农民，并不是一心叛变，觉得不应全部斩杀，于是决定对首要人物给予斩首，其余之人则削发梳辫放归老家。此举受到部分清军将领的责难，他们认为这是放虎归山。李鸿章了解缘由后，认为周馥的做法有一定的道理，释放这些俘虏是“放羊归田”，并且规定以后也按照这种做法处理俘虏。“放羊归田”的措施起到了分化太平军的作用，也成为周氏家族后代引以为傲的一件事，因为这项措施使无数人活了下来。

同治二年（1863）秋，因淮军屡战屡捷，李鸿章保奏各营将士，周馥被清廷授予九品衔，留江苏补用。同年冬，淮军克复苏州，即迁往苏州。在李鸿章的保举下，周馥先后由文书升为县丞、知县，再升为直隶知州留江苏补用。太平军被镇压后，周馥被留在南京整修城池。

协政天津

同治九年（1870）天津教案后，时任直隶总督曾国藩被调任两江总督，李鸿章则接任直隶总督。李鸿章上任直隶总督后，一方面撤销天津、营口、烟台三口通商大臣，另立北洋大臣，由直隶总督兼任，另一方面调集十名得力官员来天津，周馥即为其中之一。

同治十年（1871）春，永定河决口三十余处，京畿受到水灾威胁，李鸿章派周馥治理水患。周馥会同永定河道李朝仪、道员祝垲、知府徐本衡等人办堵筑事宜。次年，周馥奉旨以道员身份留在直隶候补录用。光绪三

小贴士：天津教案

同治九年（1870）在天津发生的一场教案。1870年6月21日，天津部分民众因怀疑法国天主教传教士在天津开设的育婴堂杀害婴儿，用于制药，聚众到教堂示威。法国领事丰大业（Henri Victor Fontanier）去见三口通商大臣后，在路上向天津知县刘杰开枪并击伤随从一名，此举激化了矛盾。天津民众殴毙丰大业，焚毁法、英、美、俄等国教堂和法国领事署。事后，法、英、美等七国军舰集结天津、烟台一带。慈禧太后派遣直隶总督曾国藩赴天津查办教案。最终，天津知府和知县被革职充军，水火会16人被当祸首处死，25人被充军，清廷赔款修建教堂并派遣崇厚前往法国道歉。

年（1877）三月，周馥被李鸿章举荐署理永定河道，与知府同级，受慈禧太后召见。

知府级别的官员受慈禧太后召见这种情况并不多见。入见太后有一套既定程序，首先需送敲门砖，包括一千两白银和李鸿章亲笔信一封，一千两银中，李鸿章赞助五百两，周盛波和周盛传奉送五百两，然后再听内务府安排时间。大约两个月后，周馥卸任永定河道，回到了海防支应局。在李鸿章的力荐下，周馥督办旅顺口的北洋海军基地的建设，后被奕譞借调至海军部门，制定海军章程。

在直隶总督任上，李鸿章大力兴办洋务，周馥则深度参与其中，设立天津机器局、天津电报局、天津武备学堂、开平煤矿、唐胥铁路等，可谓李鸿章的左膀右臂。天津机器局是中国北部第一个官办军事工业，由三口通商大臣崇厚筹办，分东局和西局，西局建于同治六年（1867），位于今海光寺，主业为铸造；东局建于同治七年（1868），位于今贾家沽道，主业生产火药和枪弹。创办之初的三年间，天津机器局仍是初具规模的制造厂，没有能力生产火药，且靡费甚巨。崇厚主事期间，机器局年年亏损巨大。李鸿章主事天津机器局后，对其进行了改革，裁汰冗员，从上海和南京调来技师和技工。

对于东局，李鸿章大力将其打造成包含冶炼、铸造、机器制造、枪炮制造、子弹制造、火药制造、水雷制造、船舰制造和修理等多个车间的大规模机器局。光

天津机器局（《得与失——胡雪岩为人处世行商的官商之道》）

水雷学堂设于天津东机器局内（《近代天津教育图志》）

绪七年（1881）六月至光绪十四年（1888）三月，周馥署理天津海关道，被任命办理天津机器局。在任期间，周馥重新订立了规章制度，并且每年拨津海关、东海关关税约28万到46万两不等给天津机器局，保证了天津机器局的常年经费供给，天津机器局的生产能力由此不断扩大，规模仅次于江南制造总局。值得注意的是，天津机器局试制了第一艘潜水艇。

光绪十一年（1885），时任津海关道的周馥与同僚（《曾祖周馥》）

另一重要洋务是参与架设电报线和开办电报学堂。在近代通讯方面，中国最早引进的是电报。光绪二年（1876），福建督抚丁日昌创办了电学馆，训练相关技术人员，这还算不上正式的培养电报人才的学堂。光绪六年（1880），李鸿章奏请清廷架设一条天津通上海的电报线，并奏请开办电报学堂，获批准后的一个月左右时间，在天津创办了电报总局。

光绪七年（1881）年底，天津至上海的电报线架设成功之后，李鸿章又计划架设上海至广州的电报线，并使其在苏州与天津至上海的电报线相通。光绪九年（1883），南北洋电报线路架成。翌年，李鸿章命令周馥会办电报局，负责管理电报线路，如筹措经费、拟定需架设的电报线路等。电报网的架设并非一帆风顺，电报总局在架设从北京沿运河至镇江的电报线路时，遭遇沿线百姓的强烈反对。为消除百姓对于架设电报线以及电报的疑虑，周馥提议并架设了北塘至山海关的电报线，作为先导。

与此同时，周馥负责电报总局附设的电报学堂，即北洋电报学堂，中国第一所正式的电报学堂。学堂初创于光绪六年（1880）秋，位于天津城东门外，原计划开办至光绪九年（1883）即停办，但在现实亟需面前，学堂得以继续开办，并于光绪十二年（1886）在法租界紫竹林建设校舍，至光绪二十一年（1895），北洋电报学堂培养了约300名毕业生。

在修建铁路方面，周馥是非常支持的。光绪六年（1880），刘铭传奏请兴修铁路时，尽管清廷上下反对声非常强烈，周馥仍然支持刘铭传，并为没能修成铁路而惋惜。开办开平矿务局后，随着煤炭运输的需求增

北洋电报学堂（《近代天津教育图志》）

大，而已有的交通运输不能满足需求时，兴修铁路又被提上日程，于是李鸿章又奏请新修铁路。光绪七年（1881），开平矿务局修建了从唐山到胥各庄的铁路，长约18华里，这是中国自建铁路的开端。然而，这条铁路并不能解决开平矿务局的运煤问题。光绪十二年（1886），李鸿章招商集资成立了开平铁路公司，派周馥修建胥各庄至阎庄的铁路，长60余里，次年完工，这条铁路成为我国商办铁路之始。

光绪十三年（1887），清廷在开平铁路公司的基础上成立了中国铁路公司，周馥和沈保靖担任督办大员。

小贴士：开平矿务局

开平矿务局即开平煤矿，由李鸿章派遣唐廷枢筹办，光绪四年（1878）六月二十五日成立，位于滦州开平（现唐山市开平区），是清末洋务运动期间官督商办的大型新式采煤企业。光绪七年（1881）全面投入生产，雇员约3000人。此后陆续扩充设备、改善运输条件，配备了运输煤轮，建设专用码头和堆栈。光绪十八年（1892）唐廷枢死后，由张翼接办，矿权逐渐为外商掌控。

光绪十四年（1888）九月五日，津唐铁路通车，直隶总督李鸿章与直隶按察使周馥等人试乘（《百年周家》）

成立之初，周馥等人就领命招股修建阎庄至大沽的铁路，奔波于大沽、塘沽、唐山等地，并于一年后让唐山至大沽的铁路全线通车，“于军旅、商贾两有裨益”。在光绪十四年（1888），又修成大沽至天津的铁路，唐山至天津的铁路由此全线贯通，“新旧铁路首尾衔接，轮车通行，快利为轮船所不及”。

晚清中国海防薄弱，中国也为此吃了不少苦头，李鸿章也深知这一点，因此非常重视海防建设，上任后就着手筹建海防。为建设北洋海军筹款，李鸿章于光绪元年（1875）成立了海防支应局，委任周馥、长芦盐运使如山和津海关道黎兆棠、天津道刘秉琳会办海防支应局，指定周馥驻局办理，负责北洋水师军饷相关事务。光绪八年（1882），周馥任天津海关道会办北洋水陆营务处兼北洋行营翼长，负责襄办交涉、营务、海防等。翌年，周馥兼署天津兵备道。

与李鸿章一样，周馥也非常重视海防，指出“国家治安之道，尤以海防为重。当今沿海数千里，洋舶骈集，为千古以来创局，已不能闭关自治”。故在筹建海防上，周馥可谓尽心尽力，也被委以重任，并且与北洋海军密不可分。

建设北洋海军首先从基地的建设开始，其中选址、挑选工程承包人、施工建设以及工程验收等各个环节，周馥都有参与。光绪七年（1881），李鸿章率领周馥勘察地形之后，最终选定旅顺、威海卫为海军基地，因为这两个地方自然条件优越、地形险要，是天然良港，且

北洋水师学堂（《近代天津教育图志》）

北洋水师学堂学员（《近代天津教育图志》）

小贴士：北洋海军

又称作北洋舰队、北洋水师，光绪十四年（1888）在山东威海卫刘公岛正式成立，是中国建立的一支近代化海军舰队，也是清朝近代四支海军中实力最强、规模最大的一支，有主要军舰25艘、辅助军舰50艘、运输船30艘、官兵4000余人。中日甲午战争中，北洋水师全军覆没。光绪二十四年（1898），清廷新购一批舰艇，以原北洋水师官兵为基础重建了北洋水师。宣统元年（1909），清廷海军部整编全国海军，新北洋水师各舰被编入巡洋舰队。

具有重要的战略价值，旅顺更是被建成“渤海之门户，北洋之首卫”。

光绪十年（1884）中法战争爆发后，海防吃紧，李鸿章派周馥督办加强渤海湾海口一带防务。数月间，周馥奔波于渤海湾海口要隘，一边“联络营将，会督地方文武，编查民船，严禁接济勾结等弊”，一边督同各处将领，认真勘察各个港湾的炮台，同时绘制北洋地形总图和大沽、北塘、营口、旅顺、大连、烟台、登州七处要塞形势图，其中一部分还做成了模型。

光绪十二年（1886），周馥接手旅顺船坞工程，并凭借过人的毅力和能力，于光绪十六年（1890）完成任务并通过验收。在此之前，周馥入京襄助海军衙门，会同海军将领丁汝昌等人，参照西方各国海军规章制定了《北洋海军章程》。建成后的旅顺基地配套完善，堪称远东第一流的近代海军基地；威海卫基地也是一项宏大的海防工程，可谓“东海屏障”。前者是北洋舰队修治

小贴士：北洋水师基地

北洋水师基地包括旅顺基地和威海卫基地。这两个基地仿佛巨人的双臂，环抱渤海，组成了京畿地区的防卫网。旅顺基地分为东西两澳，北洋舰队主要营建东澳，即东港。东港内部的东北处建有大船坞，即旅顺大坞，另建有修船厂9座，南岸建有4座仓库，东岸建有1座仓库。威海卫基地开工较晚，至光绪十六年（1890）建有北岸炮台3座、南岸炮台3座、刘公岛炮台6座、日岛炮台1座。次年在威海卫后路修建陆路炮台4座，整个威海卫共配置大小炮位167门。此外，还配有码头、船坞、海军医院、海军公所等配套设施，整体构成了威海卫庞大的海军基地体系。

船只的地方，后者是北洋舰队驻泊之所，外加军火供应之地大沽口，三者组成了北洋海军防御体系。

早期的旅顺船坞（《传奇大连》）

“济远”舰舰尾的150毫米口径克虏伯炮，该炮现存旅顺万忠墓纪念馆（《北洋海军珍藏图片集》）

海防需要大量海军人才来支撑，而清政府并没有培养海军人才的基地，相关培养从零开始。所以，在建设北洋海军基地的同时，李鸿章也在着手培养海军的学校。光绪六年（1880），李鸿章奏请在天津创办北洋水师学堂，以培养海军人才。翌年，学堂落成，周馥总理学堂一切事务。由于周馥是淮系成员，与淮军将士关系融洽，所以北洋营务、海防等事皆有周馥之商助，由此使得“上意下宣，下情上达”，非常有益于北洋水师的建设。

小贴士：北洋水师学堂

光绪七年（1881）七月，北洋水师学堂正式成立，位于天津城东八里、大直沽东北的东机器局旁边，吴赞诚和吴仲翔先后担任天津水师学堂总办，严复应李鸿章之招，担任总教习。北洋水师学堂是中国北方第一所海军学校，不少毕业生在甲午海战中战死。光绪十九年（1893），水师学堂学制由5年改为7年。光绪二十六年（1900），八国联军入侵天津，水师学堂毁于战火。北洋水师学堂旧址现为中国人民解放军军事交通学院所在地。

北洋舰队司令部－刘公岛上的海军公所（《南洋学报》第 65 卷）

停泊在刘公岛外的北洋舰队（《南洋学报》第 65 卷）

除了水师外，周馥还参与陆军相关事务。光绪十一年（1885）正月，周馥奉委创办天津武备学堂，统揽购地、建堂、聘任外国武将为师、派营兵来武备学堂学习等事务。最初，武备学堂从直隶、广东等营伍中挑选牟兵，再通过考试录取其中百余名入学堂肄业。学制初为一年，后来延至两年。校舍一开始暂定在法租界水师营务处，后迁至河东唐家口柳墅行宫旧址。这是中国近代第一所陆军学堂。

同年五月，周馥代李鸿章拟《奏报创设武备学堂折》，陈述创办学堂方面的详细情况，立获批准，另外撰写了《北洋武备学堂学规》。武备学堂仿效德国陆军学校办学方式，开设理论和实践两类课程，聘请德国教师，采用西方教学方法，同时规定忠君尊孔。开办15年间，天津武备学堂培养了大批军事和工程技术人才，也带动了其他地方武备学堂的创办，如广东水陆师学堂、山海关武备学堂等。北洋政府政要人物段祺瑞、冯国璋、王士珍等人皆为武备学堂毕业生，甚至，段祺瑞与黎元洪等人都曾自称是周馥的学生。

在兴办新式教育事业方面，除天津北洋水师学堂、天津武备学堂、北洋电报学堂外，周馥于光绪十二年

天津武备学堂学子上课时的情景（《段祺瑞 段宏业 段昌世》）

出任执政的段祺瑞（《〈我的前半生〉的书里书外——世界奇书人物解读》）

（1886）在天津捐建集贤学院，聚集四方贤士，学习时政。同年捐建博文书院，招募学生学习外语。这些近代学堂为天津等地培养了大量新式人才，在一定程度上推动了天津等地的近代化。

对于周馥的办事能力，李鸿章极为赞赏。在兴办洋务和筹办海防上，尤其是帮办海陆军学校方面，李鸿章称赞周馥“用心极细，虑事最精，且廉正有魄力，非时人所及也”，“办军务、洋务、海防，力顾大局，劳怨不辞，并熟悉沿海情形，堪资倚任”。北洋人才中，无人能出其右。光绪十七年（1891），周馥因为经营海防成绩卓著，获赏“换勇号”。

光绪二十年（1894），中日甲午战争爆发，李鸿章任命周馥总理敌前营务处，后来委派其负责筹办后路粮台等事务。周馥奔波在东北前线，负责调护诸位将领，转运、采买军械粮饷等。周馥向前线将领保证，“军务一日未平，我一日不离营。决不舍诸公他去。战事皆公等任之，饷械各事我独任之”。在这场战争中，周馥保证了前线军械和粮饷的供应，使前线自始至终没有缺乏军需。

小贴士：中日甲午战争

日本在明治维新后走上了资本主义道路，积极对外侵略扩张，确定了以中国为中心的“大陆政策”。甲午战争是日本蓄谋已久的侵华战争。光绪二十年（1894），朝鲜爆发东学党起义，朝鲜政府节节败退，被迫向宗主国清朝乞求援助，日本也乘机派兵朝鲜，蓄意挑起战争。7月25日，中日在丰岛爆发海战，最终清朝战败，北洋水师全军覆没，因该年为甲午年，故称甲午战争。战后，清政府与日本签订了《马关条约》。

中日甲午战争战败，李鸿章作为特使前往日本议和，最终签订《马关条约》。周馥对经营了二十年的北洋海军毁于一旦痛心疾首，也对国家命运感到忧心。光绪二十一年（1895）三月，周馥在塘沽迎接议和归来的李鸿章，以身体病弱为由，自请免职，南下寓居扬州、淮安、泰州等地。

光绪二十四年（1898），李鸿章复出，受命勘察黄河工程，他召来周馥襄助。周馥虽已年过花甲，仍不辞劳苦，详细考察黄河周边地形，精心制定了治河方法，

小贴士：《马关条约》

光绪二十一年（1895）三月二十三日，清政府与日本明治政府在日本马关签订的不平等条约。原名《马关新约》，日本称为《下关条约》或《日清讲和条约》。中方全权代表为李鸿章和李经方，日方全权代表为伊藤博文和陆奥宗光。条约规定中国割让辽东半岛、台湾岛及其附属岛屿、澎湖列岛给日本，并赔偿日本2亿两白银。中国增开沙市、重庆、苏州、杭州为商埠，允许日本在中国通商口岸投资办厂。

小盘谷庭院（《扬州园林古迹综录》）

被清廷采纳。翌年八月，因李鸿章保举，补授周馥四川布政使。光绪二十六年（1900），八国联军侵占北京后，周馥被调任直隶布政使，进京处理教案。

光绪二十七年（1901），李鸿章病死后，直隶总督遗缺。清廷加周馥巡抚衔，命周馥暂时署理直隶总督兼北洋通商大臣，周馥上任后第一件事情就是与西方列强交涉索要津渝铁路，撤销天津都统衙门。袁世凯到任接篆后，周馥回直隶布政使任。光绪二十八年（1902），周馥升任山东巡抚，同时加授兵部尚书衔。

抚政山东

担任山东巡抚期间，周馥继续推进袁世凯的新政。他一方面竭力抵制德国对山东的经济侵略，一方面积极筹办农桑工艺实业，发展新型经济。《马关条约》签订后，帝国主义国家掀起了瓜分中国的狂潮，夺取矿权和铁路修筑权，强占港湾和租借地。光绪二十三年（1897），德州借口曹州教案强占胶州湾，迫使清政府签订了《胶澳租界条约》，获得长期租界胶州湾以及在山东境内修筑铁路和开采矿山的特权，变山东为其势力范围。

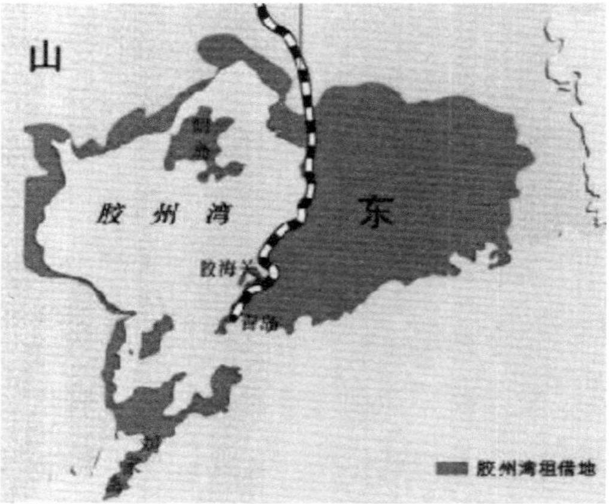

胶州湾租借地范围（《清——中华民族新生的阵痛》）

小贴士：胶州湾

胶州湾古称少海、胶澳，因古时属于胶州所辖，故而得名。胶州湾位于现青岛市境内，为半封闭海湾，是中国较大的优良港湾。光绪二十四年（1898），德州借教案强占胶州湾。1914年，日本强占胶州湾。1922年，国民政府收回胶州湾。1958年，胶州湾全境由青岛市管辖。

光绪二十八年（1902）年底，周馥提出访问胶州湾，这让德国驻青岛的总督感到很意外，因为在胶州湾被德国占领后，没有一位中国高级官员提出过这种访问要求。德国驻青岛总督答应了周馥的要求，并在接受访问前采取了秘密防备。周馥觉得不能对被德国占领区的情况一无所知，尤其是这个地区的发展情况。

在胶州湾访问期间，周馥和德国总督进行了几次会晤，了解了当下的情况。之后，周馥希望促进胶州湾和山东其他地方之间的贸易往来，并且在胶州湾派驻中国官员，以中华商务与委托人的身份调解国人之间的争端，德国总督没有接受这个提议。

此次访问之后，周馥意识到胶州湾“在我视为租界”，但“在彼已视若属地”。除此之外，德国人还在山东修铁路、开矿山、经商，逐步蚕食着山东。为抵制德国对山东的蚕食，周馥采取了两项措施。

小贴士：租界

在中国近代历史上，租界指帝国主义列强通过不平等条约，强行在中国获取的租借地的简称，一般位于港口城市。列强在租界内拥有行政自治权和治外法权。

一是奏请清廷批准，增辟济南、周村和潍县为通商口岸。如此，山东通商口岸增至四处，其中第四处烟台为沿海通商口岸。在上述三处新增通商口岸内，外国人可以租地建屋，但没有永租权，而是以30年为限，最多租地10亩。此外，外国人在这些通商口岸没有行政管理权。此项措施打破了德国人修筑胶济铁路的企图，迫使德国从胶济铁路撤兵并且归还五矿。

周馥还在济南创建了一批近代企业，涵盖纺织、机械、建材、五金、食品加工、农林、交通等多个领域。

光绪二十九年（1903），周馥在山东济南（《百年周家》）

至20世纪30年代初，济南共有445家工厂，其中20家资本占比达81.62%，产值占比达79.28%，机器工业已经取代手工业成为主流。周村的主要产业是纺织业和食品加工业。其中丝织业在三十年内由木机发展到电力驱动纺织。潍县在机器制造业方面的发展程度虽然比不上济南，但也有一定的提升。

二是劝募路股。占领胶州湾之后，德国人还攫取了潍县、博山两处煤矿，这两个地方都位于胶济铁路两侧。周馥巡海过胶州湾时，对此现状五味杂陈又无可奈何，赋诗云“朔风雨雪海天寒。满目沧桑不忍看。列国尚尊周版籍，移民犹见汉衣冠，是谁持算盘盘错，相对枯棋著著难，挽日回天宁有力，可怜筋骨已衰残”。

为抵制德国人开采矿山，周馥力劝本国人购买铁路矿务公司的股份，以收回胶济铁路的路权，还从省库拿出25万两白银收购山东铁路矿务公司股票各300股。此外，还投资了山东峄县煤矿。峄县煤矿筹办于光绪四年（1878），光绪九年（1883）前仍以手工采煤为主，部分使用机器，生产能力较弱，市场竞争力也非常有限。周馥投资10万两白银，供其购买机器、扩大生产。

至光绪三十三年（1907），峄县煤矿可生产原煤20万吨，竞争力大大增强，有力地抑制了德国山东矿务公司的扩张，致使其生产和收益每况愈下。1913年，德国山东矿务公司不得不把资产转让给山东铁路公司，以换取540万马克的铁路股票。

此外，周馥积极兴办农桑。周馥认为，“今欲厚民生，仍非先由农事入手，无以为正本清源之计”。他在济南设立农桑总会，聘请日本农学专家来指导，还在济南城外东西两边各设一所农事试验场，作为种植样本之用。在泰安、兖州、沂州、曹州、济宁等地，周馥设立农桑分会，其余州县则酌情设立分会。此外，成立各类农业专门公司，因地制宜种植各类经济作物。

比如，在济南、登州、莱州等地开设树艺公司，责令各州县劝民种树；在青州成立东益公司，纺织绸布，因为青州盛产蚕丝；在登州设立渔业公司，发展当地渔业；在冠县、信阳、沂水等地种落花生。19世纪末，社会就有设立农会的呼声，但直到光绪三十二年（1906）农工商部成立后，清政府才提出在各省组织农会。所以，周馥设立农桑总会及分会的实践走在了时代前列。周馥开设的山东农事实验场，是全国办得最好的农场之一。

20世纪初，山东无业游民数量日增，盗窃事件时有发生。为解决社会失业问题，周馥创办了工艺实业。首先在济南设立教养局，在邹县、惠民县等地设立教养分局，专门教授“贫民无业者，学作粗工”；在济南设立工艺局，在曹州、沂州、滨州、莒州、峄县、福山、潍县等地设立工艺分局，在益州、泰安、寿张等地设立习艺所；在博山设立玻璃公司，在德州诸城、禹城等地设立草辫公司。

发展近代教育也是周馥在山东的重要政务之一。光绪二十七年（1901），清廷颁布了改革新政的法令，由此开始了清末新政改革，其中教育是重点改革内容之一。同年，清廷任命管学大臣筹办新式教育，科举考试制度也被废除，并下令将各省省城书院改为大学堂，各府州书院改为中学堂，各州县书院改为小学堂，同时开设蒙养学堂，教授中国经典，也开设西方科学相关课程，各地督抚积极回应清廷的改革。年底，时任山东巡抚袁世凯在济南泺源书院正式创办了山东大学堂，开始了山东新式教育的改革。

山东大学堂

周馥接续袁世凯任山东巡抚后，延续并大力开展袁世凯新式教育的改革。光绪二十九年（1903）初，周馥刊布了《劝学告示》，指出“今群强环视，外交内政措注尤艰，士大夫学非所用，用非所学，处四千年未有之变，九万里交通之局，彼中一切，取成于学，学校之多寡，觇国势之盛衰”。他感叹清廷人才和国势衰微，而“邻国无不学而用之人，亦无学而不用之人”，焦急于山东新式学堂还未普及，呼吁地方士绅父子兄弟互相诏勉，设法集资创办新式学堂，如实在力有不及之处，官府则提供酬助。

小贴士：山东大学堂

光绪二十七年（1901），官立山东大学堂于济南泺源书院正式成立，周学熙任管理总办，总教习为美国人赫士。课程有经史子集、社会科学、自然科学和外国语等20余门，学制初为三年，后改为四年。光绪三十年（1904），山东大学堂迁址济南杆石桥，改名为山东高等学堂。1911年，又改名为山东高等学校。1914年，学校停办。山东大学堂是山东省第一所官办高等学校，也是山东大学的历史起点。

在清廷颁布统一学制之后，周馥根据学制章程，将山东大学堂改为山东高等学堂，任命直隶补用道陈恩焘办理相关事宜。鉴于陈恩焘兼通中学和西学，正适合带领山东高等学堂，于是让其兼任总教习一职，让各州县选派学生入高等学堂学习。山东高等学堂以培养新式人才为目的，除中国经学、中外史学、中外治法学等政学课程外，还开设了算学、生物、化学、测量、地质等艺学课程以及英语、德语等外语课程，聘请英、德、日等外籍教师进行教授。

小贴士：晚清学制

清政府于光绪二十八年（1902）和光绪三十年（1904）先后颁布了《钦定学堂章程》（又称壬寅学制）和《奏定学堂章程》（又称癸卯学制），是全面系统的学制章程。前者正式颁布但未实行，后者在全国实行。癸卯学制将教育分为初等教育、中等教育和高等教育三个阶段，并对课程和行政管理做了明确的规定，对中国近代教育产生了重大影响。

新式学堂的另一重要组成部分是中小学堂、蒙养学堂，它们与高等学堂一起组成了常规的教育组织体系。在周馥的积极倡导下，各州县的传统书院全部改成中学堂或小学堂，另有书院改设的中学堂或者就地筹款的学堂。至光绪三十年（1904），共有学堂八十余处，每县有一所高等小学堂作为模范学校。除此之外，周馥还开设了实业学堂、女子学堂和客籍学堂，如烟台毓才学堂、青州蚕桑学堂等。

随着新式学堂的开设，新式师资队伍的紧缺成为突出问题，由此催生了师范学堂的陆续创办。周馥也非常注重发展师范教育，认为“夫学贵善教，教先择师，东省学堂初立，尚少师范”。为了培养合格的新式师资，周馥陆续采取了相关措施。

首先，选派学生前往京师大学堂师范馆、日本宏文书院、保定速成师范学堂等地学习；其次，创立山东高等师范学堂（建立济南第一所师范学校——山东师范馆），开设完全、简易、速成三类班级，从各地选取学生入师范学堂学习，聘请日本优秀学者担任教习；再次，在各府及直隶州发展中级和初级师范学堂，在各州县开设师范讲习所。由此，山东的师范学堂形成了较为独立和完整的体系，分级衔接。

除了改革旧式学堂、开设新式学堂外，周馥还派遣学生赴海外学习，以期将新知识、新技术带回山东，广为传授。此外，还创办新闻报刊《济南日报》，发布国内外时政大事，以便国人紧跟时事。周馥积极有效地推动了山东的教育改革，为培养新式人才奠定了基础。

总督两江

光绪三十年（1904）十月，周馥在山东任上两年多

周馥任两江总督官服照
（《江南往事》）

时间后，调任两江，担任两江总督兼南洋大臣，管辖江苏、安徽、江西三省。上任后，周馥就着手加强海防建设。第一步是考察南洋和北洋海军基地。考察过后，周馥与袁世凯共同向朝廷建议，将南洋和北洋海军组成一军，派大将统领。经整顿，海军舰队渐趋完备，战斗力也大大增强。另外，周馥对江南制造局进行了整顿，实施局坞分离，改照商办。

小贴士：江南制造局

全称为江南机器制造总局，又称上海机器局，是晚清最重要的军工厂，是洋务派在洋务运动中开设的规模最大的近代军事企业，也是近代中国最大的军火厂，是江南造船厂的前身。

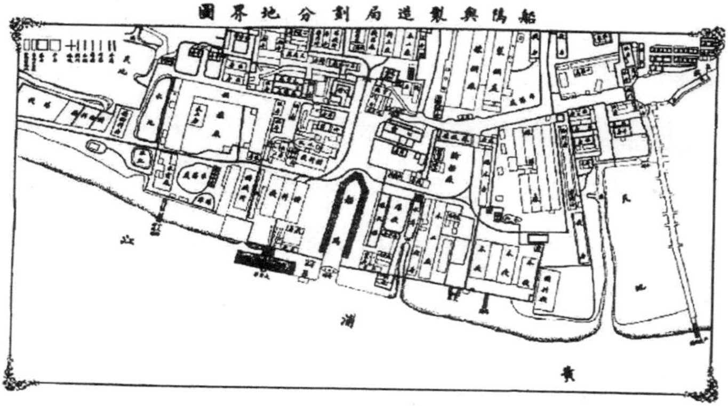

江南船坞与制造局划分图（《江南往事》）

第二步是积极编练新军。清廷为了推动兵制改革，在中央设立了练兵处，以考查和督练各地新军的建设；此外，清廷还邀请各省设立督练公所，以统帅和整饬军旅。光绪三十一年（1905），周馥设立督练公所，下设兵备处、参谋处以及教练处。兵备处下面又分设搜讨、经理、考功、执法等六科，参谋处下面分设运筹、向导、检阅、测绘四科，教练处下面分设训练、教育、编译三科，各处各科职责分明、各司其职。接着，周馥编定营制，淘汰老弱士兵，招募并训练新兵。

第三是促进社会经济发展。在担任两江总督时，周馥努力整饬两淮盐政，严厉打击私盐贩卖，增加官盐税收；自开商埠，发展对外贸易和新式渔业，这些措施都取得了一定的成效。

同时，周馥还积极发展民族工矿业和对外贸易。晚清时期，帝国主义逐步染指中国矿山，通过不平等条约、协定等，采取贷款兼并、合办、欺骗等方式侵夺了中国的煤铁等厂矿，严重侵害了中国的民族利权。为抵制帝国主义对中国矿产的掠夺，保护民族利权，周馥一方面对江苏、安徽、江西三省的矿产进行勘查，根据矿产资源的分布情况发展矿业；一方面招商引资开采矿产。

光绪三十一年（1905），周馥派遣三江矿务补用道陈际唐率矿师对江苏、安徽、江西三省的矿产资源进行详细勘查，以掌握矿产分布情况。同年，筹资十万元，在安徽宿县创办烈山煤矿。其次，限制矿产资源的买卖和开采。私有矿山可以按照规定转让给本地居民，国有矿山则一律不准买卖和民间开采。第三，奏请清廷派专人试办采矿，试办经费由三省财政垫付，然后招商积股大规模开采。

对于招商，周馥提议先借官款作为官股，以取得商民的信任，然后再招商股，统一按照公司章程的规定处理公司事务，并在税收管理、办理铁路水路运输等方面提供优惠条件。

晚清时期，江苏海关已经弊蠹丛生，严重影响对外贸易的发展。周馥率先整顿淮安海关，他认为淮安海关各关卡“北至苏州，西至徐州，东至海州阜宁县等处，相距二三百里至四百里之远。徐海非淮安府管辖之地，既不能消息灵通，知府苦地方公事之繁，又不能常川巡察”，“在关胥役倚以为生，尚存数目百家，名目繁多，相沿已久，今监督已裁，若辈势不能全去”，必然弊蠹仍存。

对此，周馥先是补助遭遇裁汰的人，提升在岗人员的待遇，然后适当降低额定税额，最后选派廉洁的官员在淮安任职，与淮安知府共同管理、互相牵制。接着，周馥上奏朝廷获准将海州和通州天生港辟为商埠，设卡征税，解决了两地物产丰富但因交通落后而无法外运的问题。此举扩大了当地货物的出口规模，增加了政府的财政收入，推动了江苏的经济发展；最重要的是，有利于抵制西方列强的经济侵略。

周馥在江苏任职约两年时间，于光绪三十二年（1906）调任闽浙总督，还未赴任，旋即被调任两

大布路斯國
大君主威爾希廉朕將頭等寛旒寶星一座賜予駐濟南府
大清國山東省巡撫周馥茲給此執照御筆書押鈐用國璽
憑存執
威爾希廉斯何嚇一千九百零四年八月十七日
御筆
國璽
Wir Wilhelm
von Gottes Gnaden
König von Preußen etc.

光绪三十年（1904），周馥获德皇颁发勋章的证书（《曾祖周馥》）

广总督，镇压黄冈、惠州、钦廉防城等起义。光绪三十三年（1907）五月二十日，周馥以年老多病告归安徽原籍就医，获得恩准。光绪三十四年（1908），周馥移居芜湖新建的别墅，宣统三年（1911）先后移居上海和青岛。周馥原本就与德国人交好，所以在青岛倍受德国胶澳总督的敬重。1914年，德日青岛之战似要爆发前，周馥举家前往天津。1917年，张勋复辟，溥仪授周馥为协办大学士。1921年，周馥病逝于天津，享年84岁。直隶、山东、江苏和安徽等省官吏纷纷呈请大总统，准许为周馥建立专祠，获批后在四

小贴士：钦廉防城起义

光绪三十三年（1907）9月1日至17日，资产阶级革命派同盟会在华南发动的一次武装起义，又称“丁未钦州防城之役”。1907年4月，广州钦州三那墟地区人民因官府无理扣押要求减免糖捐的请愿代表，愤而组织“万人会”，并推举刘思裕为首领，进行抗捐斗争。两广总督周馥派统领郭人漳、标统赵声率兵前往镇压。孙中山得知事由后决定联合抗捐群众大举起义，并争取郭人漳、赵声率新军倒戈。刘思裕等人经劝说后同意接受同盟会领导，共同起义。9月2日，王和顺率起义军攻击防城，5日占领防城。同日，王和顺率军攻打钦州。但由于郭人漳变卦、黄兴未能在城内响应等原因，起义以失败告终。

省纷纷建立了周馥祠。

周馥从入仕到担任封疆大吏，为功无数，而最为人称道的当属河工之功，后世评价“在直隶沉滞监司垂三十年”，“而其功德在民，尤以河工为最巨”。从同治十年（1871）至光绪三十年（1904），除光绪二十一年（1895）《马关条约》签订后，周馥请辞南下至光绪

周馥及其家族在天津的合照（《周馥家族与近代天津》）

二十四年（1898）李鸿章复出前，周馥一直在河务治理上躬身勘察、监督河工、建言献策。

第二章　治理直隶海河水系

洪灾频发

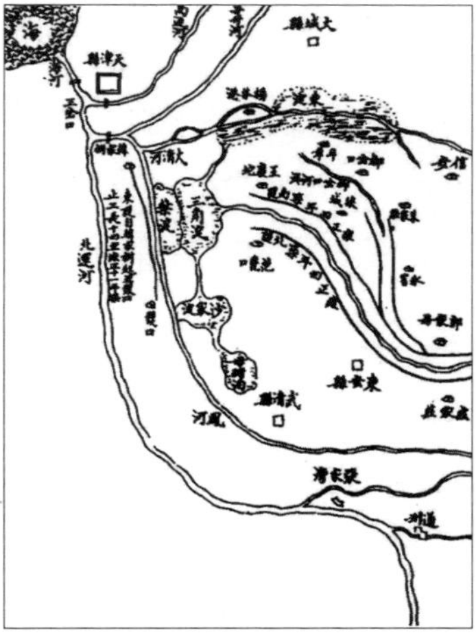

三次接堤改河示意图局部
（《〔乾隆〕永定河志》）

海河水系由潮白河、永定河、大清河、子牙河、南运河五大支流组成，这五条河流及其支流纵横交错，密密麻麻地分布在京津冀地区，自北面、西面和南面向东流，在天津汇流成海河，自大沽口入流渤海，形状犹如一把蒲扇，可谓“源众尾迫”。因此，人们称天津为“九河下稍”，九河并非九条河流，而是生动形象地指代海河水系众多的干流和支流。

由于海河水系支流众多，上游宽下游窄、尾闾不畅，雨量集中、春旱秋涝等，导致海河流域经常发生洪、涝、旱、碱四大灾害。洪灾是河堤缺口，泛滥成灾，而涝灾是水不能及时排泄，在低洼之地汇集，积涝成灾。海河流域平均每三年就有两年发生洪涝灾害或者旱灾，旱涝交替频繁。每年夏秋时节，运河向东漫溢，海潮则向西漫灌，水流无从宣泄，上游永定河水患尤其严重和频繁。

清朝时期，海河情况更加不乐观，李鸿章担任直隶总督时提到，永定、大清、滹沱、北运、南河等五大河流以及六十多条支河原有的闸坝堤埝等基本上损坏了，减河和引河基本上都淤塞了，海河常常倒灌，处处是问题，处处是毛病。所以，李鸿章上任直隶总督后，调周馥来天津，第一要务即为治理水患。同治十年（1871）至光绪二十一年（1895），周馥在直隶任职期间，海河水系有20年发生水灾，其中16年是多条河流同时涨水或者漫决成灾。

初涉治河

同治十年（1871），李鸿章调任直隶总督兼北洋大臣后，调任周馥来天津主持筹划西沽筑城一事。同年六月，直隶雨水连绵数月，河水上涨，河堤决口。永定河在大水冲击下，决口三十余处，上游有八处漫决，卢沟桥下石堤被冲塌，北运河、南运河、大清河以及任丘千里堤等地先后多处漫决，天津、河间和顺天府受灾严重，天津四周数百里一片汪洋，百姓流离失所。

小贴士：北洋大臣

北洋通商大臣的简称，官名。咸丰十年（1861）十二月，清政府设立总理各国事务衙门，下设三口通商大臣及南洋通商大臣。三口通商大臣驻天津，管理牛庄、天津、登州三口通商事务。同治九年（1870），清政府裁撤三口通商大臣，将所有洋务、海防相关政务统归直隶总督经管，颁发钦差大臣关防，改设“北洋通商大臣”，管理直隶、山东、奉天三地通商和洋务，办理有关外交、海防、关税、官办军事工业等事宜。

八月，李鸿章启用周馥治理水患，与永定河道李藻舟、道员祝爽亭、知府徐季贤筹办堵筑事宜。周馥并无治水经验，但临危受命，又目睹大批灾民背井离乡，遂全身心投入治水之中。他一面学习古代治水知识、钻研古代治水案例，一面对永定河流域进行详细考察。

周馥发现，永定河上游和下游河道较宽，而中游河道只有一里或半里宽，非常狭窄；河长仅200余里，亦导致河水上涨就漫溢，河水下落则淤积，淤积使得河水更容易漫溢，如此形成恶性循环。而且，永定河河堤是向东延伸，河流则是东南走向，两者走向不一致。最重要的问题是，当地河政腐败，加上河员偷懒，种种主客观条件致使永定河治理维艰。

针对河道问题，周馥立足长远，提出改道往东走、加宽堤坝的方案，以标本兼治。不过，此方案因工程量较大、牵涉面较广而未被清廷采纳。随后，他又提出在永定河险要地段修筑石堤，这一建议同样未能实施。于是，剩下的办法只有堵住决口。同治十一年（1872），周馥如期完成卢沟桥石堤五号决口堵筑工程，并因此以道员的身份留任直隶优先补用。同年九月，永定河北岸下游十七号决口堵筑工程也大功告成。首次治理水患，周馥就表现优异，深得李鸿章信任，也为他此后参与其他河工奠定基础。

开挖减河

同治十二年（1873）夏秋时节，直隶暴雨成灾，永定河溃决，数百里地一片汪洋。周馥认为，如果雨季不泄洪，则必有水患。于是，他向李鸿章建议，在上游南运河开挖减河，以分流洪水，大水可经减河直接入海而不犯天津；在海河下游开垦屯田以分散洪水，种植水稻。后一建议这次未被李鸿章采纳，但后来还是由淮军提督周盛传在小站付诸实践。同年秋，周馥因会办永定河南四汛九号堵口大工有功，九月奉旨加按察使衔。

小贴士：减河

减河是利用天然河道或人工开辟的新河道分泄江河超额洪水的防洪工程措施，可以直接入海、湖或其他河流。天津有独流减河、马厂减河、西减河、东减河等。

同治十三年（1874），直隶永定河山洪暴发。六月，潮白河东岸大坝漫决六百多米，沿河房舍、农田等均有受灾，农作物减收。多年来，地方官员在治水方面都是被动应付，哪里决口堵哪里，没有采取根本的预防措施，且没有整体和长远的规划，因此每当汛期，河道就漫决成灾。

为了从长远的角度防治水患，周馥设立了文武汛官，专责治理水患，整治了金钟河、北运河筐儿港和通州潮白河。为防止金钟河泛滥，周馥提议在南运河的南岸以及北运河的北岸进行减水工程，从上游运河开挖一条小河到小站，让小站的旱地变为水田，种植水稻，而不是让河水到了天津再减量。李鸿章这次采纳了周馥的提议，但是未被上级批准。

不过数年后，提督周盛传采用周馥的提议，亲自前往塘沽津南等地勘察，撰写《详陈津东水利并拟开海运各处引河由营试办屯垦禀》呈递李鸿章，李鸿章再上奏清廷并获批准。周馥多次勘察减河工程，并给地方官提出许多建议。

基于这些建议，淮军官兵开始开挖减河以分流洪水，十年间在兴济与新城之间开挖三条海河引水河，引入海河水灌溉农田。其中一条以小站为中心；一条向东流经新城通海河，连通靳官屯与常流庄；一条向西流至常流庄。光绪六年（1880），减河被凿通，三条河流全线贯通，全长两百余里，河间建造有桥闸三十余座。其中，天津马厂人工减河起自河北青县马厂，流经静海、大港和津南等区域，在津沽新城流入海河，这条人工河对当地的农业发展起了重要的作用。

通过减河引水灌溉、排放淤积、冲刷盐碱地等举措，使得小站等区域成为灌溉区，此后，周馥又招募灌溉区农民开垦荒地。由此，淮军在小站驻兵屯田数千亩，旱地变成了水田，种上了水稻，盐碱滩地也变成了可种植区，且产出的大米非常可口，声名远扬，使得小站成为鱼米之乡，小站稻米还作为贡米被呈上慈禧太后的饭桌，受到慈禧太后的赞扬。

然而，金钟河工程并不能从根本上解决天津的水患，一旦遭遇大水，天津还是会受灾严重。其时，北运河洪水全部依靠青龙湾和筐儿港两条减水河分泄洪水，但因为两条减河年久失修，分泄效果不佳，水灾仍然频繁，筐儿港尤其如此。治理这个水患的困境在于：如果将水引入减河，则河床会渐渐淤积成平地，排水不佳；如果顺着河水建立堤坝，则水流区域太宽广，无法约束水流，且占用田地太多；如果开挖一条河渠，在两边筑土堤，河水上涨时堤坝必然溃决，徒劳无益。

周馥亲自前往旧减河实地考察之后，提出开挖减河的方案。李鸿章决定采纳周馥修建减河的建议，上奏朝廷请求拨款修减河。于是，周馥开始筹办北运河筐儿港减河工程。经过详细勘察，得知减河淤泥很深，如果依照以往的办法挑浚河身、两边筑堤，水势大时，堤坝必定溃决。

在修建减河的过程中，有人提出挑挖两条河道，两河道之间预留半里平地，在南岸和北岸各筑一条土堤，河水小则经两条河道排泄，河水量大则通过中间河滩排泄。水退之后，中间河滩可种地。周馥听罢，颇觉有理，遂采纳了这个建议，将河堤后移，两侧河堤内侧各留大片空地，给洪水留出更多的泄流空间，防止修建的河堤决口。同时，丈量旧减河河身淤泥堆筑的高地，据此酌情收取地价，准许民众在上面种植。由此，预留的空地在秋季汛期之前还能收获一季庄稼，没有闲置，可谓一举两得。

筐儿港工程竣工后，周馥说道：“四十余年之水患，一旦豁除，诚一大快事。此工虽不巨，而办法亦册籍所罕书之。”可以推测，工程完工后，周馥内心感到一阵轻松。

除了治理金钟河、筐儿港、潮白河，周馥还治理过滹沱河。光绪二年（1876）夏秋，华北阴雨连绵，滹沱河河水上涨，百姓倍受水灾之苦。有人提议，在藁城引水沿滹沱河故道往南流，再在献县引水往南流向冯家河。周馥为了筹划治河方案，于光绪三年（1877）与清河道叶伯英勘察滹沱河，由平山、正定、藁城、栾城、赵深冀三州经任邱、文安至天津，考察了沿河十余县。每到一个地方，都详细勘测并勤于寻访。

勘察完之后，周馥力陈滹沱河不能分水南行。首先，滹沱河故道是从北往南流，而当时流向是从西往东，如果故道全部开浚，工程量着实巨大，没有可行性，且挖故道会损害沿途庄稼。其次，对于从滹沱河引水至冯家河，不仅地势上不可行，而且还要修筑47里堤坝，堤坝修筑之后还需要年年修守，耗资糜巨。所以，治理滹沱河应该因水因地制宜。

治理永定河

光绪十三年（1887）春，永定河南八下汛决口；同年夏，永定河南七工西小堤漫决。一年内，永定河决口两次，南七口决口甚至达四十余丈，后续坍塌一百数十丈，宽至二百丈。对于如何堵住决口，清廷上下议论纷纷，各执一词。周馥主张在提出意见前，应先对河道进行实地勘察，并应以顺水性为主，顺水性治河成为周馥后来的治水理念。

光绪十六年（1890）七月，津京一带大雨，各河同时涨水，永定河、南北运河、大清河以及任丘千里堤多处漫决。永定河灌入南苑，平地水深二丈，房屋倒塌，庄稼被淹，天津数万民众躲在城墙、庙宇等处，水势非常之大，其中北上汛决口宽达900多米。李鸿章奉旨催促堵合决口，派周馥前往永定河督办北上汛漫口工程。周馥采取了一系列措施，如严格管理、合理安排人力、赏罚分明、明定章程、设法购置筑堤材料、以工代赈等，根据轻重缓急，优先确保北上汛工程所需人力。九月，决口终于被堵合，其他各决口也陆续堵合。

为使河堤永久安澜，使百姓免遭洪灾，周馥打算采取更为有力的措施。对河堤考察过后，周馥发现永定河河床高而堤坝厚度较薄，针对这种情况只能采用坚筑堤防束水攻沙之策，因此建议在永定河北岸大堤添建石堤，称此方法为一劳永逸之计。为节省费用，周馥用不规则的片石垒砌成堤，而不是使用大块条石，并且选择险情最严重的堤段添筑石料。北岸石堤建成后，大大减少了水患，极大地保卫了京师。周馥此次因治水有功，获赏头品顶戴。

小贴士：顶戴

顶戴是清朝用以区别官员品级的帽饰，又称顶子，分夏天戴的凉帽和冬天戴的暖帽。顶子有三层，上为金属顶、中为球形或尖型宝珠、下为金属底座。其中顶珠质料和颜色代表官员的不同品级，从一品到九品分别为红宝石、珊瑚、蓝宝石、青金石、水晶、砗磲、素金、镂花阴文金顶、镂花阳文金顶。帽后托一束翎羽，五品及以上官员为花翎，即带有目晕的孔雀羽，六品及以下官员为无眼蓝翎，为蓝色的鹖羽。

光绪十八年（1892），清廷采纳给事中洪良品的建议，把修建铁路的经费用于大治永定河，确保京畿安澜，以保障两年后慈禧太后的六十大寿没有水灾。李鸿章接上谕后，指派直隶按察使周馥会同记名道桂本诚以及永定河道万培因向西勘察，并且制定了一个三年整修计划。光绪十九年（1893），永定河又决口了，四年三浸。

同年七月，周馥前往永定河，会同张连芬观察堵筑南上决口。初冬时节，李鸿章电令周馥妥善议订治河节略。有人条陈开挖永定河两侧堤坝，放水灌溉田亩，各官不敢反驳。周馥认为拖延不是办法，于是条陈利弊，得到相关官员的赞同，李鸿章也认同周馥的意见。不过，条陈人知道周馥反对后，即参奏周馥“办公不实、溃决不报、用私人、通贿赂”四项罪名，清廷随后派许仙屏调查此事。经调查，许仙屏认为参奏不实，且认为周馥办理河工有功。于是，周馥仍然负责石坝修建和防汛事宜。

十一月，周馥前往永定河勘估卢沟桥南减水石坝工程。清廷嘱咐周馥，因为次年为慈禧太后六十寿辰，为了确保京畿地区没有水灾，应先期勘定河工，于是提起周馥此前的建议，并且请派东河总督许仙屏来永定河勘察河工。

周馥认为，造成水患的原因之一是减河上游河水含沙量大，数处地方形成淤积，洪水不能及时排出。针对这个问题，本国河工提议用挑沙清淤法，而法国工程师建议在减河上游怀来县河水入口处建造一座大坝，阻挡泥沙、排放清水。

周馥认为挑沙清淤之法不可取，而且在古代治理含沙量大的河流中，只听过“束水攻沙”的办法，而没有听说过挑河之法。对于法国工程师的提议，周馥认为拦河筑坝工程难以成功，即使成功，坝高泥沙也高，不能起到“留浊放清”的效果。

周馥经过实地考察、深思熟虑、百般筹划之后，认为河患的原因是堤决水浅，河水没有容纳之处，很难有非常完美的治理方法，修防堤坝或者在中游减水都无济于事，只有在卢沟桥上南岸建一座减水大石坝，使永定河涨水时能分流入大清河，从而减少水患，起到事半功倍的效果。有人担忧这种方法会使大清河受影响，周馥认为永定河与大清河源头不同，未必会同时涨水，而永定河只是分流高于石坝的河水，至多排洪两日，流量不算多；退一步讲，即使大清河因此决口，也是两害相较取其轻。此方案很快得到清廷批准。

光绪二十年（1894）正月，周馥随同许仙屏前往永定河勘察河工，会同道员窦子桂办理卢沟桥减水石坝

大清河急流（《山东南运湖河水利报告录要》）

工程。二月，周馥随同许仙屏勘察怀来县合河口建造堤坝事宜，许仙屏采纳周馥的建议，奏请上游不能拦河筑坝。周馥拟定治河节略之后，李鸿章就据其上报清廷，清廷据此拨银30万两。开工前，周馥请法国工程师和大名道台吴赞诚协助督修大坝，花费二十天测量水势、勘估工料等，然后限期动工。

四月，许仙屏奉旨回东河本任，并且奏请派遣周馥管理永定河防汛事宜。由于参与人员都是熟悉河务之人，每天有一万几千名夫匠日夜赶工，分工协作，采用先进技术，利用水泥填筑槽底等部位，使其坚固且易干结，减水石坝工程进展顺利，终于在五月末完工。六月，永定河河水又大涨，但减水坝没有溃堤，且发挥了很大的泄洪作用，永定河没有溃决。甚至此后十多年里，永定河仅决口一次，究其原因，为埽料不足所致。

周馥对建成后的石坝工程是满意的，曾赋诗道："水落沙痕挂石栏，欲分清蜀奠狂澜，书生莫笑持筹拙，调剂盈虚自古难。"在直隶任职二十余年，周馥几乎参与了直隶所有水患的治理。

第三章　治理山东黄运河

建议海运

周馥与黄河的结缘始于同治十二年（1873）。咸丰五年（1855），黄河在铜瓦厢决口，改道北上，在山东境内分成三股。一股经山东曹州东赵王河流至张秋镇，另两股从直隶东明县雷家庄分流而出，三股黄河水在张秋镇汇合，穿过运河，经小盐河至大清河，由利津入渤海。咸丰八年和九年（1858—1859），经曹州的一股和

大清河口（《山东南运湖河水利报告录要》）

经东明县向北流的一股先后淤塞，经东明县向南流的这股成为黄河干流。

小贴士：1855 年黄河决口改道

咸丰五年（1855），黄河在河南兰阳（今兰考县）铜瓦厢决口，河流狂泻而出。北从现尹岗乡禅房工程一号坝垛往南，东至兰考东坝头，西至李庄镇前辛庄，南至黄河岸边，共计淹没30多个村庄，封丘、兰仪等县一片汪洋。此次决口后，黄河改道从北面流入渤海，形成了现今的河道。

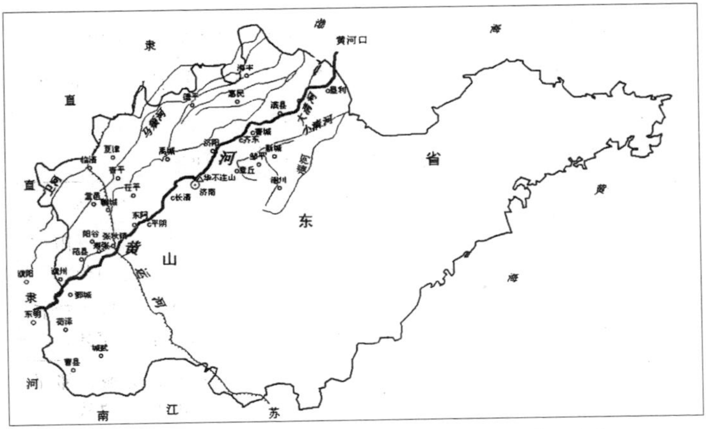

铜瓦厢决口后山东黄河示意图（《周馥与晚清社会》）

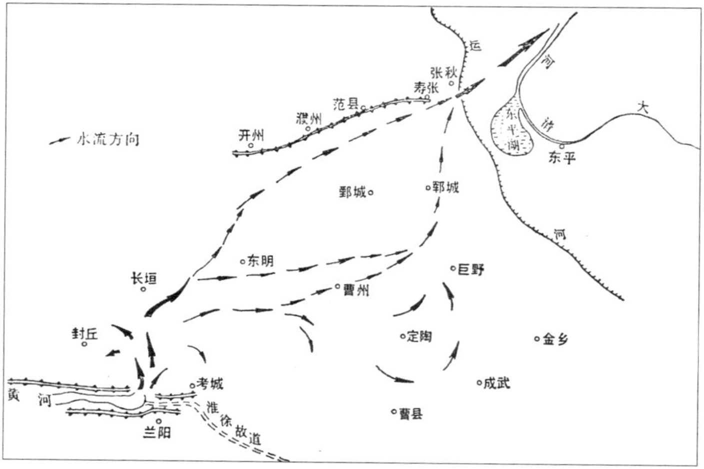

铜瓦厢决口流势图（《黄河水利史述要》）

自黄河在铜瓦厢决口后，山东水患频繁，百姓深受水灾之苦，漕粮运输大受影响，民生也受到影响。由于正值太平天国起义，清政府无暇治理水患，百姓只能自主修筑民埝以防水害。直到同治十年（1871），山东巡抚丁宝桢建议恢复淮徐故道，在清廷引发了如何治理黄河的讨论。东河总督乔松年认为故道难以恢复，建议在张秋镇建闸坝，将黄河水引入运河。丁宝桢和乔松年二人各执己见，争论相持不下。于是，清廷命李鸿章去实地勘察、据实奏报。周馥认为必须详细勘测地形和水势才能做决定。受李鸿章委派，他前往山东利津黄河口，沿河而上勘察铜瓦厢决口情况以及下游淮徐故道的具体情形。

二月，周馥乘坐帆船从天津大沽口出发，经由利津溯河而上，对铜瓦厢决口及下游淮徐故道的实际情况进行了勘察，后在河南省由卫辉府沿流而下，经过朝城县、张秋镇、济宁州、汶上县等地，查勘运河一带的情形。周馥查勘完毕后回到天津，力陈黄河不能复淮徐故道南行，建议推广海运，并代李鸿章拟定《筹议黄运两河折》。

在奏折中，周馥反对丁宝桢和乔松年的治河办法。首先，恢复淮徐故道首先需在铜瓦厢决口处挑挖引河，工程量巨大，无法实践；其次，故道两岸区域居民众多、庄稼面积广，河堤容易决口，损失巨大；再次，恢复淮徐故道无济于漕运。“引黄入运”则会加速黄河的淤积。

李鸿章据此向清廷上《筹议黄运两河折》《请行海

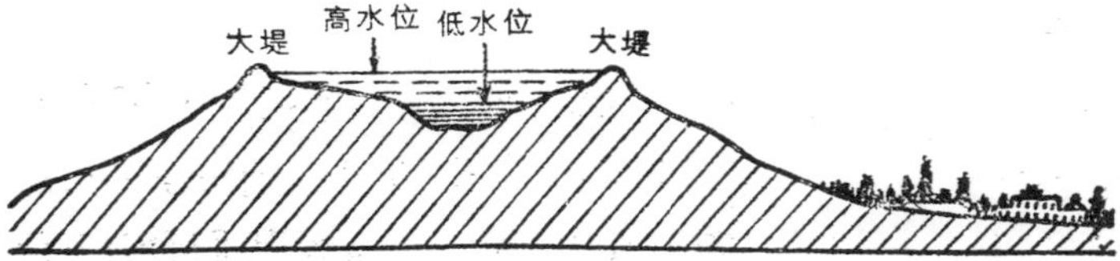

黄河下游“地上河”示意图（《京杭运河巡礼》）

运片》两道奏折，指出引黄河济运河很难实现；国家治安以海防为重，应推广海运；治理水患则应在河水所在之地增筑堤坝。

襄助治黄

黄河改道另一个影响是相关区域河患频繁而严重。光绪十六年（1890）、光绪十八年（1892）夏秋、光绪十九年（1893）、光绪二十一年（1895）夏、光绪二十四年（1898）初冬，黄河山东段连年溃决，百姓流离失所、苦不堪言，地方社会动荡不安，危及清廷的统治秩序。光绪二十年（1894）水灾之后，清廷任命李鸿章会同东河总督任道镕、山东巡抚张汝梅勘察水情、治理水患，李鸿章奏请另选大臣执行此任务，未获清廷批准。

于是，李鸿章亲率于式枚、孙宝琦等人从京城前往济南，自曹州府属黄河入山东境起至利津出海口止，南北两岸来回逐段勘察，另有天津武备学堂绘图学生分赴上游逐段测量，比利时公使费葛保推荐的水利工程师卢法尔则用西法勘察河工。

由于周馥在直隶督办河工很多年，谙于修守之事，识力过人，且山东河工关系重大，李鸿章又奏调正在因病开缺的周馥前往山东襄办治河事宜。周馥一再辞决，但在李鸿章再三电促下，不得已前往山东襄办治河，时年61岁。

光绪二十四年（1898）十一月三日，周馥抵达清江浦，借车马前往谒见李鸿章。十二日抵达济宁，十七日抵达济南谒见李鸿章。之后，周馥与山东巡抚张汝梅、东河总督任道镕一同勘察和商议河工事宜。

光绪二十四年（1898）十一月二十一日，周馥与吴廷斌、尚其亨两位观察离开济南，前往下游南北两岸勘察河工和利津出海口，又勘察了黄河上游两岸，至曹州府贾庄，回到张秋镇。不久，周馥又前往海口详细勘察河工。对黄河进行了为期三个月的勘察后，周馥撰写了《代李文忠公勘筹山东黄河会议大治办法折》十条和《代李文忠公拟筹山东河工救急治标办法折》，卢法尔也撰写了《勘河情形》报告。

周馥认为，黄河经常溃决的原因是堤坝年久失修，破损严重，加上河滩淤积，埝身逐年加高，一到汛期，埝决而洪水建瓴而下，堤坝随之溃决。为此，周馥提出了具体的治水方案。如：加固两岸大堤，此为“河防根本要图”；疏通黄河入海口；设立迁民局，迁民避水，保护黄河大堤和百姓人财安全；在黄河两侧大堤内外留出约十丈宽的空地，种植柳树以保护堤身；增加疏浚船只，建造减水石坝，设立厅汛、堡夫等，架设电报线，作为后续保障；治理山东其他河道，即疏浚其他河道，使黄河有一个较为畅通的泄洪系统，等等。

根据周馥的办法，如果兴工修河，除了官兵俸饷之外，大约需要930.3万余两白银，工程五六年可完工。卢法尔则认为修治黄河需要3200万两白银，五年内可完工。清廷批准了李鸿章的奏请，决定先用救急办法，即日筹款兴工，大治则分年筹办，简派熟悉河工的大员督办，并且认为事情紧急，让周馥即刻前往北京觐见。

周馥请李鸿章代奏回籍养病，未被允许，并被催促前往北京觐见。光绪二十五年（1899）春，周馥抵达京城，被召见三次。李鸿章曾经商请荣禄在朝中面奏授周馥为河道总督，欲保荐周馥在山东办理河工，但因周馥本人辞决，加上有人持反对意见，最后未能达成。

至于黄河修治工程，周馥在《治水述要》中提到，黄河修治工程是奉旨办理，而户部发放了100万两白银给山东巡抚毓贤办理。义和团运动爆发后，工程停止，后来不了了之。光绪二十五年（1899）秋，经李鸿章密奏，周馥简放四川布政使。

改革河政

光绪二十八年（1902），时年65岁的周馥接山东巡抚印，在治理黄河方面更是殚精竭虑，最终使黄河十余年没有溃决。周馥认识到治河为养民之首要政务，于是到任后就对僚佐说最重要的养民之政应为治河。

清政府于同治十二年（1873）将黄河工程交由山东巡抚兼办，将原中央派驻的治河官员的职责转委于地方官。光绪十年（1884），山东巡抚陈士杰在省城设立山东河防总局，分别在寿张十里堡、齐河南坦和惠民清河镇设立上游总办、中游总办和下游总办，另在上游和中游各设会办一名，下游设会办两名，协同总办办理河务，汛地则派委员驻工防汛。

随着黄河险情陡增，原设的营委已经穷于应付，山东省增加了人员，分段承担河防工务。从整体上看，各段河务人员按州县来分配，较为均匀，杂料、监垛、随工等职位则人数不定，根据需要适度增减。山东没有设立厅汛，也没有驻守河防的兵丁，执行任务全靠驻守河堤的营勇，然而工多勇少，所以陈士杰奏请招募营勇，即“河定五营、河成五营、河平三营、河安三营、成字河防营一营、建字河防营一营”，共18营。

至周馥上任时，河务仍存在沿岸州县责任划分不清、勤惰不一，不能齐心协力对付险情等一系列问题，于是他对河政又进行了改革，明确各个地方官在河务上的职责。周馥一方面将黄河两岸各州县原营委管理的水务改为兼河之缺，归上、中、下三游总办节制和调度；另一方面把各州县管理漕运等事务的同通佐贰等缺改为河捕之缺，将原运河体系的通判改归黄河管河官员，这些人统归三游总办调遣和节制，或就近驻在同一个城市，或分散在各镇防守，专责修筑防守弹压等事务。

周馥在黄河两岸原营驻扎地按州县改定河防营名，每营500人，每营必设营官1人、勇夫120至300人，多数河防营还设有帮带和哨官，各河防营具体情况如下：

黄河北岸：上游金堤营驻濮州廖桥；中游阿北营驻东阿县香山，肥北营驻长清县官庄，齐北营驻齐河县五里堡，历北营驻历城县邢家渡，济北营驻济阳县铁匠庄；下游惠北营驻惠民县归仁镇，滨北营驻惠民县小崔庄，利北营驻滨州宋家集，津北营驻利津县王庄。

黄河南岸：上游荷南营驻菏泽县双合岭，郓南营驻寿张县孙楼；中游长南营驻历城县小鲁庄；历南营驻历城县胡家岸；下游齐南营驻齐东县梯子坝，青南营驻滨州台李庄，蒲南一营驻蒲台县韩家庄，利南营驻利津县伙庄。

除要冲及铁路附近的人员外，其余人员皆移驻河干，管辖河务的同时就近操练和承担各种工程和附近剿匪事务。周馥还调整了上、中、下游三段的管辖地段，如黄河北岸自高堤口至东阿孟堤口河段归上游管辖，经过仔细勘察，周馥将此河段东侧结束点从东阿孟堤口向东移至原中游章丘镇南泄水闸口以东十丈处。

管辖河段的调整更加有利于三游总办进行调度和管理，也更方便开展黄河防汛事务。此外，周馥还提出对于治河有功者给予奖励，对于贻误治河者则予以相应惩罚，做到赏罚分明，此举大大地调动了沿河州县治水的积极性。

迁民避水

光绪二十八年（1902）八月，黄河在利津、寿张、惠民等县境内决口，河水漫决成灾，水势非常浩大，治河又成为周馥的首要任务。周馥首先前往惠民县勘察北岸刘旺庄漫口和利津县南岸冯家庄漫口情况。经过实地勘察，周馥发现两处决口相聚百余里，下游河工总办难以兼顾两处决口，于是把冯家庄堵合工程交由候补道吴煜督办，将刘旺庄堵合工程交由中游河工总办管理，道员丁达意负责督办。

针对刘旺庄决口，周馥建议在西侧坝迤上修建挑水坝，以分流水势，使支流流入黄河，减少决口处河工障碍；对于冯家庄决口，他下令务必在决口未合龙前修补完工。周馥一面向清廷请求拨款，一面采用以工代赈或者借商款的措施筹措治河经费。同年十月，冯家庄决口堵合。刘旺庄决口处工程则一波三折，耗时半年多，历经三次合龙才修缮完工。

至此，周馥在治理水患的方式上已经初步形成较为稳定的模式，他总结出了五条办法：一为加厚加高两岸大堤；二为险工区改筑石堤；三为下口宜就现有河道酌情疏筑；四为展宽河身狭窄处，撤去民埝，重筑大堤；五为设厅汛专门负责河工，并且设堡置兵，作为防守。

光绪二十九年（1903）六月，利津宁海庄漫口，周馥前往河工防汛。九月和十一月，周馥先后两次前往利津勘察河工。十二月，宁海庄河工合龙，道员尚其亨督办此工。这一年，周馥奏请在黄河中下游两岸设电报局，南岸自济南至利津彩庄、北岸自齐河至利津盐窝择要设立电房，派电报学堂学生管理，沿途架线800余里，极大地便利了两岸的联络，有险情时可闻讯即至。

光绪三十年（1904）正月，黄河凌汛暴涨，利津北岸王庄漫口，扈家滩附近也有三处溃决，河水流入扈家滩等地，在王庄淤积。经过实地勘察后，周馥一方面自筹经费将居民迁出河滩，并在南面堤坝的南侧再建造一座堤坝，以防水患，另一方面整治河中心原有的弯曲堤坝。由此，“尾闾通顺、舟楫通行便利、险轻费省”。二月二十六日，决口处合龙。

同年六月，利津薄庄漫口，河水改经铁门关故道入海。原山东巡抚在薄庄附近河道弯曲处筑造堤坝，使得水流不畅，淤积严重。周馥乘船沿河流全面勘察河水，看到河水自西而东湍急流入徒骇河，原河道却是自北往南方向，决口处水深“一丈数尺至二三丈不等”，宽度“约二三四里不等”。薄庄位于河道当中，河床非常弯曲，下段河流呈之字形，入海口相较旧入海口地势低注。这些因素加在一起，使周馥坚信不能按照原先的案例堵合决口。

周馥认为只能裁弯取直，才能杜绝河患。就地势低洼而言，应迁民避水，“不与水争地”，水和百姓各得其所。如此一来，薄庄居民就需要迁移别处，经费是一大难题。由于户部不愿意拨款，周馥从州县一级抽取盈余三十余万两，作为移民迁居购地建房的费用，成功将薄庄居民迁往他处。

不但如此，周馥还将山东境内受灾情况上奏朝廷，请求免除租税。在周馥的努力下，清廷免除了启东、青城、利津、平阴、长清、东平、东阿、寿张、济宁、齐河、聊城、茌平、夏津等86个州县当年的税粮以及其他杂税，极大地减轻了人们的负担。由于措施得当，河水再次大涨直接冲击薄庄时，薄庄居民没有一人受伤。此后十余年，山东黄河未决一次。

整体来说，对于黄河的治理，周馥反对恢复淮徐故道和“引黄入运”，主张“顺水之性”而不是“逆水之性”，筑造堤坝并“迁民避水”。黄河常堵常决的一大原因在于其河堤以民埝为主，这些民埝距河水远近不等，质量参差不齐，难以抵御洪水的冲击，上游孙楼、中游胡家岸等地与下游圈重庄等处情况更为严重。周馥认为黄河防汛必须拆除民埝。于是，他先行将这些民埝拆除，以拓宽河面，重新修筑大堤，并妥善安置附近居民。

同时，周馥认为这种民修官守的民埝修筑应该纳入官方管理体制中，而石堤抵御洪水的能力要比民埝及其他官堤强，所以主张在险要河段酌情修筑石堤。周馥奏请户部拨款300万两用于修筑石堤，被以各种理由推脱。于是，周馥在山东自筹20万两购买石料等，修筑黄河北岸自张秋挂剑台至惠民县刘旺庄的官堤，共计长128千米，修筑自影塘经鱼山、艾山、鹃山至济阳桑家渡的民埝，共计长181.5千米。

小贴士：民埝

民埝一般“系民所修官所守”，大致有两种：一为官请民修，二为民间修筑。民埝的修筑无具体标准和统一规划，导致各段民埝高低宽深各异，质量参差不齐，且没有经常或定期修理，它们很少能抵挡住河水长年累月的冲刷。一旦遭遇大水，民埝就无法真正起到防洪的作用。

经过周馥两年多的治理，黄河两岸大堤的防洪能力得到很大提升。不仅如此，周馥的治河之策还有养民的意图，“以工代赈”的举措一定程度上解决了沿河贫民的生计问题。

治理运河

京杭大运河山东段约有900余里，关系着山东运河沿岸地区社会和经济的发展。这片地区在历史上曾经非常繁荣，但因常年水患，加上治理欠佳、管理不善等原因，运河运输能力大受影响，进而影响经济增长与社会稳定。出于此，周馥在山东治理黄河的同时，也对山东境内的运河进行了整治，以使黄运皆畅通，进而造福百姓。至于对山东运河的治理，他先从实地考察开始，在掌握运河的基本情况之后，才提出相应的解决办法。

首先是整顿运河营吏。运河山东段常设闸官和闸夫以管理河道，南运河自峄县台庄闸至临清砖板闸有闸夫1300余名、闸官30名。至周馥上任山东巡抚时，运河河道管理已经弊蠹丛生，闸官闸夫结党营私、乱收费用的现象比比皆是，甚至索要不应收的费用，且名目繁多。

混乱的管理制度不但严重影响运河的正常运行，还引起了商民之愤。对此，光绪二十八年（1902），周馥奏请裁撤山东运河的闸官和闸夫，派委员与地方官共同挑选出地方绅董与船帮董事，雇人管理运河并派人巡查。

运河桥闸（《山东南运湖河水利报告录要》）

张家桥附近废石坝（《山东南运湖河水利报告录要》）

闸官被裁撤后，运河沿线管理实际上非常空虚，而山东运河沿线历来盗贼横行，因此巡防缉捕人员非常紧缺。光绪二十九年（1903），为应对盗贼问题，周馥计划在山东设立运河工巡营，建立营制饷章，效仿巡警规章制度，挑选员弁，用兵法约束。在原闸夫、闸夫中裁汰弱者，留下强者，改练工巡兵一营，营内共有官兵510人，分设前后左右中五哨。

每哨设巡长一人，护目四名，字识一人，巡目十人，巡兵八十人，火夫八人。中哨由正巡营管理，左右前后四哨则由四名巡弁管带。工巡营根据各闸事务的繁简情况，择地驻防，负责闸坝启闭、巡查河面和保护商船的事务。夏秋时节，运河涨水而闸务较少时，工巡营则抽调兵弁防护堤坝。周馥派人购买十只小船，供兵弁在河湖港汊等处巡防。

针对运河巡工营，周馥还制定了严格的人事管理制度，官兵如果勒索为难商船，按军法处置，绝不宽待。运河巡工营的成立加强了运河的管理，保证了运河的安全畅通，也节省了政府开支。

其次是调整关税。运河山东段的弊端不仅表现在闸官、闸夫方面，还存在于关税上，这些问题严重影响了山东运河贸易。基于此，周馥对山东运河关税进行了较大的调整。光绪二十八年（1902），周馥下令，临清州不再管理临清关，另外委派人员驻守临清进行管理，并裁撤所有书吏，重新雇用有担保之人，仿照《海关章程》办理税收，应收税则按照惯例征收，“向来陋规应裁者、应收者归并一笔征收，不必多分名目”，裁撤有名无实之官卡。除此之外，周馥仿照其他各省水陆码头船捐和车捐办法，对运河往来船只开放所有闸关，一次性收取捐税，所得捐税主要用于疏浚运河、修筑堤坝、运河巡逻和保护商旅等方面。

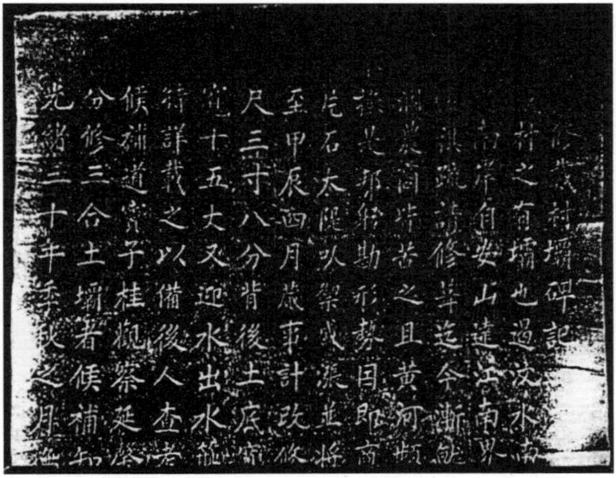

光绪三十年（1904），立周馥“重修戴村坝碑记”碑（局部）（《汶上文史资料》第6辑）

最后是修筑堤坝。光绪二十八年（1902）夏，汶水大涨，戴村坝两岸石灰堤坝遭到损坏，而土筑堤坝漫决成灾，东平州被洪水淹没，济宁州运河则干涸无水，民生受到严重影响。周馥命令道员窦延馨先用草工堵塞戴村坝决口处，将水引入运河，以便船只能够通行。此后，周馥又对戴村坝进行了修筑，将两岸大堤全部换成石头大堤，使其更能抵挡洪水的冲刷；对原存的玲珑、滚水、乱石三坝加宽加长，使其更加坚固；修补被冲坏的三合土灰堤坝，以此确保戴村坝不再被洪水冲决。

戴村坝形势（《山东南运湖河水利报告录要》）

不仅如此，周馥还进一步对运河进行实地考察，发现运河仍存在许多问题：两侧堤坝有40余处缺口，致使运河两岸农田和村庄经常遭遇洪灾，商船却因运河水浅而搁置；数处淤积严重，需要疏浚；泄洪闸数量偏少，蓄水和排洪不到位。为修补运河残破的堤坝，光绪二十八年（1902），周馥令兖州道修筑运河堤坝缺口，但因工程牵涉太多地方，进展并不顺利，周馥只能计划分年逐次开展。

第四章　治水之道

勤政为民

周馥是晚清有名的治水专家，经过多年的治水实践，周馥逐渐形成了自己的治水之道。要分析周馥的治水之道，需从周馥的为人为政之道着手。在为人处事上，周馥深懂知恩图报，尤其是对李鸿章的知遇之恩，他感恩戴德，对其忠心耿耿、任劳任怨，必要时在清廷面前替李鸿章辩解。例如，光绪七年（1881），周馥在家乡守孝，时任两江总督沈葆桢请周馥赴江苏任职，周馥推辞不就，表示“李相国待我厚，我既出山，安可无端弃北而南也。丈夫出处，惟义是视，何计厉害”。

再如光绪二十年（1894），中日甲午战争爆发后，李鸿章命周馥总理敌前营务处，明知必败无疑，但周馥表示义不容辞。光绪二十五年（1899），慈禧太后问及周馥中日甲午战争为何战败时，周馥力陈李鸿章之难。

光绪二十六年（1900），八国联军攻占北京。中外议和之时，清廷任命庆亲王奕劻和李鸿章全权处理议和事务，李鸿章则奏请调周馥任直隶布政使，襄办万分棘手的议和事务，由于李鸿章年老体衰且多病，大多数事务实际由周馥相机处理。中外议和结束后，李鸿章去职，周馥也称病请辞。

周馥另一个重要的特点就是为人慎重、虑事缜密，遇事必定内外审度，事先仔细考察、深思熟虑之后再采取相应措施，这在他治理河患上表现得尤其明显。无论是海河水系、黄河还是运河，周馥无不先实地考察，并研究历史上的治水经验，再制定出合适的方案。

在政务上，周馥忠于职守，勤政爱民，秉公任直。正如其自己所说，但凡人存心公正处事，必定遇事详细审查，是否有益于国家和百姓，是否有益无流弊，能否长久有益等。

在任上，周馥每遇有益于国民之事，必定竭力争取，对于非本职但有益于国民之事，也是不辞劳苦。因为忠于职守，在治理河患上，周馥皆殚精竭虑，克服艰难，并积极投身洋务和兴办实业，力行实业救国，为地方经济近代化做出了重要贡献，对后代影响深远。

尤其是在其山东抚政时，实业救国的表现更为突出。例如，因运河运输功能的逐步衰落，山东运河区域的社会结构也逐步发生改变，下层民众比例上升，民生多艰。为改变民众贫困的状态，周馥着手创办习艺所、草辫公司等实业，吸纳民众就地谋生。

另外，周馥注重维护民族利益，在这方面更是竭尽所能。中日甲午战争后，德帝国主义强占山东沂州、沂水、诸州、潍县和烟台五矿，袁世凯、张之洞等多次交涉无结果。周馥出任山东巡抚后，多次与德国人在谈判桌上斡旋，并在济南、周村两地开商埠以钳制德国人，在他的努力争取下，德国人最终归还五矿。

义和团运动之后，八国联军侵占天津、保定等地，直隶境内一片混乱。周馥根据当前局势，主张以和平方式解决冲突，接受与联军交涉的任务并成功收回天津和保定等地。在弱国外交的形势下，周馥虽然倾尽所能挽回了部分利益，仍被国民所唾弃，但周馥认为只要有益于国民，可以不考虑是否于己有利。

正因为爱民，周馥为政常考虑百姓的疾苦。光绪二十八年（1902），慈禧太后欲率众臣拜谒东陵，其费用按照以往惯例应取自民间。周馥考虑到刚刚经历战乱的百姓生活异常艰苦，面奏慈禧太后免除百姓相关徭役，由户部拨款，获得了慈禧批准，由此没有增加百姓的负担。

在治理河患时，周馥不只是考虑如何堵住决口、排泄洪水，而是同时将民生问题摆在重要地位一并考虑，甚至治理水患是为了防患于未然。“养民之政，莫大于治河”，周馥将治水作为养民的重要措施，这是他在山东治理河患的重要起因。咸丰五年（1855），黄河改道给山东百姓带来了深重的苦难，大量田地被淹，百姓流离失所、穷途末路，周馥对此深表同情。因此，周馥力请治理黄河，拯救百姓于水患。出于对民生的重视，周馥在开展河工时尽力避开农忙时节，以免耽误百姓农耕。

在退职之后，周馥仍关心受灾百姓。1917年，天津又发生大水，周馥一边调集启新、开滦公司船只将灾民运出灾区，一边提倡义赈救济灾民。1920年，河北、山东等地大旱，周馥与同仁募集义捐，设立施粥厂，救济4800余人，次年2月才资遣灾民返回原籍，耗费三万余元。

因为秉公任直，周馥不愿与贪腐同流合污，用人也廉洁奉公，其秉性贯穿整个仕途。光绪元年（1875），因为前一年冬天通州的堵筑工程中有贪污未遂的官员，周馥害怕大水来时河堤因这些人而决口，于是自请前往通州防汛。代理直隶布政使时，官吏送来五百两“惯例银”，被周馥严词拒绝。任山东巡抚期间，其夫人七十生辰，同僚所赠寿礼他也一概不收。对于下属营私舞弊的行为，周馥虽感痛心并犹豫是否给予弹劾，但最终还是决定给予相应处罚。基于这些品质和风格，周馥在治理水患的道路上不断探索、实践和总结，逐步形成了自己的治河理念，或者说治河之道。

古法今制

在治理水患之初，周馥没有任何的治水知识或者经验，完全是奉命行事，硬着头皮上场。好在他善于学习古人的治水经验，并且学为今用。周馥到处网罗治水方面的书籍，囊括江南、山东、河南、直隶等省水利，白天忙于政务，晚上翻阅各地治河案例、书籍和文集等，潜心研究、学习和吸收前人的治河经验。

在治理永定河时，周馥就指出，水患频繁发生的原因之一是官员治水大多拘泥于成例。因循守旧，不善于变通和创新的现象，确实广泛存在于近代治水实践中，导致治河工程没有明显的效果。难得的是，周馥虽借鉴但不拘泥于古人的治河之法，在实践中并用古法与今制。周馥根据明代潘季驯“以堤束水，以水攻沙”的思想理论，提出“以人治水，不若以水治水”的思想。

光绪二十九年（1903），治理利津薄庄决口时，周馥吸收了汉代贾让和清代靳辅的治水思路，即“徒当水卫之民，让地于水”以及治理河道“当损小以图大，毋保全一方而误全局”，没有采纳堵塞决口的方法，以使尾闾畅通，同时迁民避水。

在利用古法今制治理河患方面，有人提出，山东巡抚大多以河防著称，但他们往往沿用古法、不懂变通，而周馥不然。可见，周馥在此方面是非常成功的。

古人有古人的治河方法、技术和工具，近人也有近人的治河方法、技术和工具。相比于古代的治河技术和方法，周馥所处的年代，因为引进了西方的先进科学，其技术和方法应优于古代。难能可贵的是，周馥愿意并善于将已有的近代相对先进的技术和方法用于治理水患当中，如测量水位、河面宽度、堤坝高度等。在光绪二十四年（1898）治理利津河患时，周馥就让天津武备学堂的学生用近代科学方法测量河面宽度，发现河面宽度相距五到九里不等，于是在此基础上提出加高加厚河堤的方案。随着电报的兴起和逐步推广使用，周馥也在河流沿线架设起了电报线以便即时通信，此举大大提高了防汛的效率。此外，他还在筑造河堤、修筑石坝时，使用水泥等先进材料。

重视勘察

周馥非常重视实地勘察，而不是盲目指挥。在直隶任职的二十年，他几乎走遍了直隶各个河道，不论是永定河、潮白河、北运河还是滹沱河，只要发生水患，周馥都不辞劳苦，亲赴现场勘察水势、督查河工，甚至亲自指挥修筑工程。同治十年（1871），永定河大水，周馥为掌握治水第一手资料，对永定河进行了详细的勘察，在立足长远、标本兼治的前提下，提出“改道东趋，放堤使宽”的主张。光绪十六年（1890），永定河又遇大水，周馥再次亲赴永定河监督河工，之后又勘察了永定河河堤状况，发现永定河北岸底高堤薄弱的问题，于是主张在永定河北岸填建石堤。

大清河历来有“尾闾不畅，胸腹受患”的问题，因为大清河与永定河先汇流后再经过天津，大清河泥沙含量低、河水较清澈、流速慢，而永定河河水泥沙含量大、河水混浊、水流较大清河更为迅猛。暴雨时节河水上涨后，永定河泥沙就会淤塞大清河下口，导致河水出口不畅，因此水患比其他河流要严重。对于治理大清河这个问题，有人提议在大清河下口南边新开一条河流，使大清河与永定河分道而行，让大清河的水直达海河。

周馥经过实地考察后，发现这条方案并不可行。原因有三：首先直隶地势北高南低，永定河流向是从西北向东南流，而大清河是由西南向东北流，按照上述方案，永定河的浑水会危及子牙河、南运河的防汛。其次，如果永定河河水暴涨导致堤坝漫决，新挖之河的北岸必定会被冲决，从而危及北运河，而且船只也无法通航。第三，大清河下游水势平缓，如果新挖河流，泥沙容易沉积导致河流淤积。由此，周馥认为治理大清河只能随时按需补救，统筹上下游，选择重要河段进行治理。

同治十三年（1874），为治理北运河制定合适的方案，周馥赴实地勘察漫水情况，向当地百姓征询除水患的方法，并在河堤漫决后亲自监督和指挥堵筑工程。光绪二十四年（1898），为了治理山东黄河，周馥亦是逐段勘察，在掌握河工详细情况之后，才提出具体的办法。正是因为开展了实地勘察，周馥才能一次又一次地有力反驳那些纸上谈兵的治水方案。而对于不实地考察河工、不懂河工修防之事就拟方案之人，周馥非常痛恨。

周馥知道，河流附近土生土长的广大百姓对于当地的河流情况更加了解，他们在长年累月的生产劳动中积攒了丰富的信息和经验。比起书籍中蕴含的知识，他们的经验和信息更值得借鉴。因此，河流附近的百姓成为周馥实地考察时重要的寻访对象，同治十三年（1874），筐儿港减河工程的方案即是取自民间的建议。光绪二十四年（1898），在治理黄河时，周馥提出的恢复铁门关故道的方案也是基于当地渔民的建议而提出的。黄河入海口原本有铁门关、韩家垣、丝网口三处，周馥当时对于选择哪个出海口作为黄河入海口而举棋不定，在遍访当地百姓之后，周馥最终采纳了渔民的建议，恢复铁门关故道，既可以蓄水冲刷河沙，又可以使船舶通行。

顺水之性

历代重要的治水案例，如四川太守李冰主持的都江堰工程、吴王夫差开凿的邗沟、魏惠王开凿的鸿沟等水利工程，皆是顺水性而事半功倍且效果维持良久。汉武帝穿漕渠通渭等逆水性而为的工程，费时费力且难以持久。金元时期开凿卢沟、金口等河工，就是由于逆水性而竭尽人力却没能成功的典型例证。

从这些案例中，周馥发现了规律，比如“喜直恶曲”、引水“用清易，用浊难”“南行易，北行难”，等等。在经历数次治水实践之后，周馥也有了自己的治水心得，那就是“顺水之性，事半功倍，逆水之性，多劳无成”。从事河务的人应熟悉水性，精于测算，顺水性而为。

治水是为了造福百姓、稳定社会，逆水性而治水，不仅劳民伤财，还可能最终无法救民，影响地方社会经济的发展，最终不利于统治的稳定。因此，只有掌握水质、水量、水势等各种水情的变化规律，顺水性而治水，才有可能节约人力、物力和工程费用，减轻百姓和清廷的负担，使治水工程发挥其应有的作用，且尽可能地历久弥坚，从而造福百姓。

顺水而为是一种指导思想，只有真正落实到治水工程上，才能取得预期的效果，这就需要在制定治水方案以及实施方法的过程中贯穿顺水而为的思想。当然，周馥不仅对顺水而为有深刻的理解和解释，还在治水过程中实践了他的理念，其方法就是以水治水。就黄河而言，水患的根源在于河水含沙量极大，河水浑浊异常，如果水流速度稍慢，水里的泥沙就会沉淀，从而抬高河床或者形成淤塞。一旦发生洪灾，在凶猛的洪水不断冲击下，河堤薄弱之处必定溃决，导致河水泛滥成灾。所以，治理黄河水患的关键在于对泥沙的治理。

古人治理含沙量大的河流的经验，尤其是潘季驯“以堤束水，以水攻沙”“借水攻沙，以水治水”的成功经验，给了周馥很大的触动。他认为建造坚固的堤坝以及“束水攻沙”的策略能对付黄河水患，于是把治理河患的重点放在加固黄河两岸的大堤上。周馥根据黄河两岸各段堤坝状况的不同情况，采取了不同的加固方案，险工处堤坝顶部宽4至5丈，普通河工处堤坝顶部宽3丈，堤坝底部宽11到15丈，堤坝高约1.6至2丈。如此一来，黄河险工地段就可以“有恃无恐”，而平工地段河滩渐渐淤积增高，高出河面三米多高的平工地段还能挡住河水，使河水不至于漫出，河水从河床中间冲刷而过，河沙也随之流去，由此提高黄河的泄洪能力，降低洪水漫决的概率，减少洪水冲决堤坝的次数，获得长久防洪的效果。

周馥虽不是河工出身，且官职历经数次变迁，但总是与治水密切相连，并在治理水患上勤勤恳恳耕耘了二十余年，逐渐成为中国近代有名的治水专家，并形成了自己的治水思想，即治水之道。他的治水之道一方面与历代古人治水案例、理念和思想有关，另一方面更多的是来自他治理水患的实践。在治理水患时，周馥不仅着眼于眼前的问题，还力所能及地治理未然之患；不仅吸取历代治水的经验教训，还总结和反思当下的治水经验，久而久之形成了一套自己的治水思想体系。晚年，周馥的思虑仍然没有离开治水，他将治水方面的所思所想以及前人的实践、经验等汇集撰写成册，这些著作集中反映了周馥的治水思想，也成为后世参考的文献。

光绪三十三年（1907）五月，周馥纂集《治水述要》共十卷，用纪年的方法，记载了自禹贡至光绪二十四年（1898）的治河案例以及治河方法。《治水述要》实际上综合了很多河工之书的内容，选择可以借鉴的方法记录下来，以便参考。对于古今不同、南北差异等没有详细解说的情况，则加按语解释。《治水述要》对黄河的治理以明清两个时期的记载为最多，是一部非常具有实用价值的水利著作，后人称其为“旧籍之功臣，后学之导师”。除《治水述要》外，周馥还著有《河防杂著》一卷，二者皆经过于式枚侍郎校正成编。由于当时“国家不讲水利”，周馥并不打算将其出版传世，而是留存家塾。

周馥在《治水述要》中作序道：“馥往年于役永定黄运诸河，日视工作，夜阅编籍，时询精此事者，躬督而亲试之，乃知成法具在，人多略而不济，今人得失皆昔人所经验，易遇时艰财绌，人情难调，未得施展一二以救灾黎，抱憾何地。今退老家居，偶捡旧所记述，不忍弃置，复加去取，俾阅者执简驭繁，举一反三，可以挈其要领。案虽不备，法已目足，世句有志于斯者，不待博览远搜，即此已可循就原委增其认事智力矣。”

正如周馥在自序中所说，他在治理水患上殚精竭虑，在诸多事务上亲力亲为。然而，或因为时势艰难，或因为人情世故，即使有救灾黎之抱负与方法，也难免因无法付诸实际而抱有遗憾。另外，周馥治理河患仍然有其局限性，并不能彻底解决海河水系以及黄河水患的问题。尽管如此，他留存下来的宝贵治水经验和实践总结仍然是我国近代水利史上非常重要的一部分，其治水思想也丰富了我国近代的治水理论。

参考文献

1.〔清〕潘复著：《山东南运湖河水利报告录要》，南运湖水利筹办处 1916 年版。

2.〔清〕赵尔巽等撰：《清史稿》，中华书局 1976 年版。

3. 水利部黄河水利委员会《黄河水利史述要》编写组编：《黄河水利史述要》，水利出版社 1982 年版。

4. 鞠继武、潘凤英编著：《京杭运河巡礼》，上海教育出版社 1985 年版。

5.〔清〕周馥著：《秋浦周尚书（玉山）全集·治水述要》，文海出版社 1986 年版。

6. 李文海等著：《近代中国灾荒纪年》，湖南教育出版社 1990 年版。

7.〔清〕周馥撰：《周悫慎公全集》，文海出版社 1990 年版。

8. 安作璋主编：《山东通史（近代卷）》，山东人民出版社 1995 年版。

9. 陈万雄、张倩仪著：《清——中华民族新生的阵痛》，上海辞书出版社 2001 年版。

10. 张梅煊著：《晚清风云人物史话：李鸿章》，民族出版社 2003 年版。

11. 天津市历史博物馆等编：《近代天津图志》，天津古籍出版社 2004 年版。

12. 汪志国著：《周馥与晚清社会》，合肥工业大学出版社 2004 年版。

13. 陆舸编著：《江南往事》，上海画报出版社 2005 年版。

14. 司马哲编著：《得与失——胡雪岩为人处世行商的官商之道》，中国言实出版社 2005 年版。

15. 政协天津市河东区委员会学习和文史资料委员会编：《河东区文史资料第十八辑　周馥家族与近代天津》，2006 年版。

16. 周俊旗著：《段祺瑞　段宏业　段昌世》，河北教育出版社 2006 年版。

17. 陈悦主编：《北洋海军珍藏图片集》，上海文汇出版社 2011 年版。

18. 张绍祖主编：《近代天津教育图志》，天津古籍出版社 2013 年版。

19. 周景良著：《曾祖周馥：从李鸿章幕府到国之千城》，三晋出版社 2015 年版。

20. 唐宁著：《邓世昌传》，北京时代华文书局 2016 年版。

21. 彭镇华编著：《扬州园林古迹综录》，广陵书社 2016 年版。

22. 李明著：《青岛往事》，北方文艺出版社 2017 年版。

23. 周骥良著：《百年周家》，天津人民出版社 2018 年版。

24. 孟向荣著：《〈我的前半生〉的书里书外——世界奇书人物解读》，群众出版社 2021 年版。

25. 于永铎著：《传奇大连》，大连出版社 2021 年版。

26. 王国平、陈悦著：《曾经沧海：近代海军名将陈兆锵》，福建人民出版社 2022 年版。